We will WOK you!

SABRINA SUE DANIELS

We will WOK you!

70
REZEPTE, DIE DEN GAUMEN ROCKEN

EMF

EIN BUCH DER
EDITION MICHAEL FISCHER

Inhalt

Let's Rock

IM WOK

In diesem Buch möchte ich Sie in die exotischen Küchen von Indonesien, Indien, China sowie Vietnam, Thailand und Korea entführen. Es erwarten Sie landestypische Rezepte wie thailändisches Pad Thai (S. 86) oder koreanisches Bibimbap (S. 104), aber auch weniger bekannte Kreationen der asiatischen Küche, wie indisches Dum Aloo (S. 32) oder vietnamesische Banh Troi (S. 70). Das Allroundtalent Wok kann nicht nur asiatischen Gerichten den nötigen Pfiff verleihen. Auch ein Rezept für leckere spanische Paella-Wok (S. 130) oder französisches Wok au Vin (S. 126) finden Sie im Kapitel Wok-Crossover (ab S. 121). Der Wok, so wie wir ihn heute kennen, stammt ursprünglich aus der chinesischen sowie der süd- und südostasiatischen Küche. Das hohe, durchgehend gewölbte Kochgefäß ist ein wahres Multitalent, denn es lässt sich sowohl als Pfanne als auch als Topf verwenden. So wird Kochen, Braten, Dünsten, Frittieren, aber auch Dämpfen und Schmoren zum Kinderspiel. In der heißen Mitte können die Zutaten scharf angebraten werden, während zum hohen Rand hin die Temperatur abnimmt. Gerade bei asiatischen Gerichten, die bekanntlich aus vielen verschiedenen Zutaten bestehen, kann diese individuelle Hitzeverteilung sehr hilfreich sein.

Alle Rezepte in diesem Buch sind für 2 Personen entwickelt.

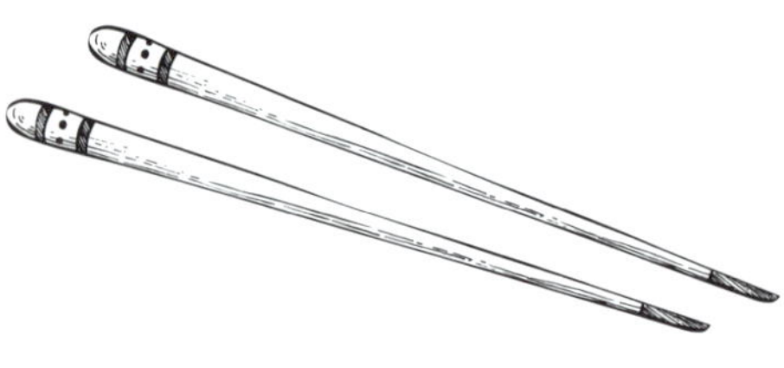

How To …

KLEINE WOK-KUNDE

Woks sind vielseitig verwendbar. So groß wie ihr Einsatzgebiet in der Küche ist auch die Auswahl im Handel. Typische Wok-Materialien sind Edelstahl, Gusseisen, Aluminium und Kohlenstoffstahl. Genau wie bei Pfannen können Sie zwischen beschichteten und unbeschichteten Woks wählen. Woks aus Gusseisen und Kohlenstoffstahl sind im Gegensatz zu den anderen Materialen etwas aufwendiger in Pflege und Handhabung. Sind Sie stolzer Besitzer eines neuen Wok aus Gusseisen oder Kohlenstoffstahl, sollte er vor der ersten Benutzung eingebrannt werden. Durch das Einbrennen wird die Oberfläche des Wok mit einer Schicht aus eingebranntem Öl überzogen. Diese Schutzschicht wirkt wie eine Antihaftbeschichtung und verhindert Korrosion (Rost).

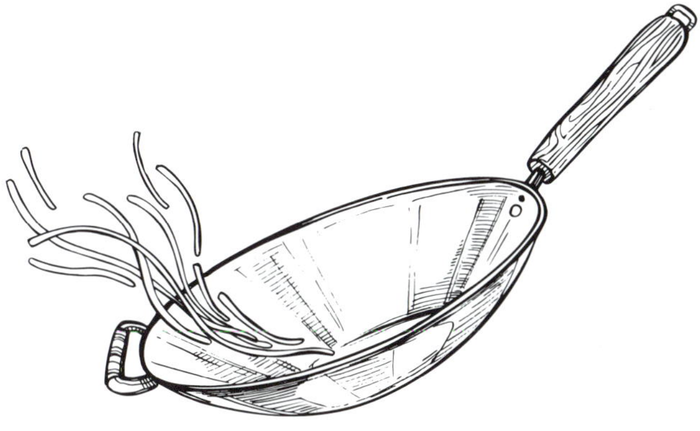

Wok This Way

MIT DER RICHTIGEN WÜRZE

Was bei uns das Salz in der Suppe ist, sind in Asien exotische Würzsaucen, Pasten und Gewürzmischungen. Die asiatische Küche lebt von ihrer Aromenvielfalt und ihren exotischen Gemüse- und Obstsorten. So unterscheiden sich jedes asiatische Land und dessen einzelne Regionen in ihren Vorlieben.

Im ersten Moment mögen sich Fischsauce, Tamarinden- oder Garnelenpaste wenig appetitlich anhören, doch in Kombination mit anderen Zutaten und in kleinen Mengen verleihen sie jedem asiatischen Rezept den nötigen Pfiff. Im Asien-Laden finden Sie eine bunte Auswahl an Gewürzpasten und Saucen. Seien Sie mutig und probieren Sie die unterschiedlichen Geschmacksvarianten aus. Sie werden überwältig sein von der Vielfältigkeit aus süß-sauer, salzig, bitter und scharf.

TYPISCH INDONESISCH

Würzig wird es in Indonesien mit Kecap Manis. Diese Grundzutat der indonesischen Küche ist das süße Pendant zur salzigen Sojasauce. Sie verleiht Fleisch, Fisch sowie Nudel- und Reisgerichten eine würzig-süße Note.

TYPISCH INDISCH

Indien überrascht mit einer Vielfalt an Gewürzen. So ist Garam Masala ein fester Bestandteil in indischen Gerichten. Die Gewürzmischung aus Zimt, Kardamom, Nelken, Pfeffer und Kreuzkümmel ist eine wahre Geschmacksexplosion und verleiht nicht nur Dum Aloo und Tikka Masala die extra Portion Fernweh.

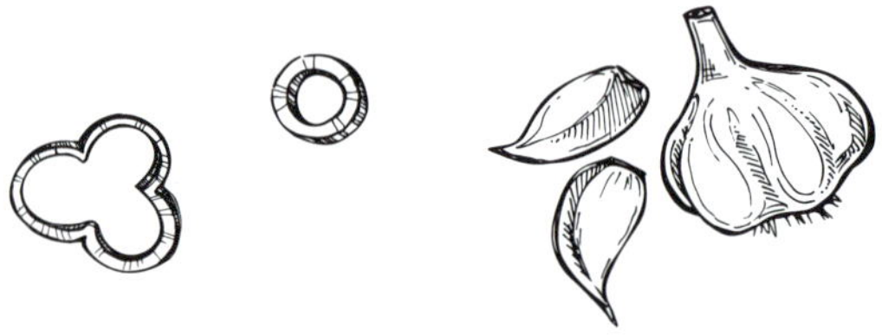

TYPISCH CHINESISCH

Sojasauce ist eine typisch chinesische Würzsauce, die aus Wasser, Sojabohnen, Salz und Getreide hergestellt wird. Hierbei wird in helle und dunkle unterschieden.

Während helle Sojasauce vorrangig für Bratnudeln, Salate, Suppen und Saucen verwendet wird, spielt die dunkle Sorte beim Schmoren eine große Rolle. Sie wird Gerichten oft zugefügt, um ihnen eine dunklere Farbe zu verleihen.

TYPISCH VIETNAMESISCH

Nuoc Mam Cham ist ein Klassiker der vietnamesischen Küche. Der beliebte süß-saure Dip besteht größtenteils aus Fischsauce, die aus fermentiertem Fisch oder Fischextrakten hergestellt wird. Er wird gerne zu Frühlings- oder Sommerrollen gereicht und verleiht Speisen eine würzige und frische Note.

TYPISCH THAILÄNDISCH

Der Hauptbestandteil des thailändischen Nationalgerichtes Pad Thai ist Tamarindenpaste. Sie verleiht dem Rezept seinen angenehm fruchtigen und leicht herben Geschmack. Unter der zerbrechlichen Schale der Tamarinde befindet sich das süß-säuerlich schmeckende Fruchtmark, aus welchem die Tamarindenpaste hergestellt wird.

TYPISCH KOREANISCH

Gochujang ist eine koreanische Chilipaste, die für den typisch scharfen Geschmack in koreanischen Gerichten verantwortlich ist. Die Würzpaste wird aus fermentiertem Klebreismehl, Sojabohnenmehl, Chili und Meersalz hergestellt.

Alle Würzsaucen und Zutaten in diesem Buch sind in Asien-Läden und gut sortierten Supermärkten erhältlich.

Wok Basics

DIE GRUNDREZEPTE

In diesem Buch finden Sie eine Vielzahl an Grundrezepten, mit denen Sie eigene Gewürzmischungen wie Garam Masala (S. 36) und Pasten wie Bumbu-Bali-Paste (S. 14) für z. B. Currygerichte herstellen können. Natürlich können Sie auch auf Fertigmischungen aus dem Supermarkt zurückgreifen, um Zeit zu sparen. Doch selbst gemachte Gewürzmischungen schmecken viel authentischer und intensiver. Außerdem kann eine selbst gemachte Würzpaste auch ein wunderbares Geschenk für Freunde und Familie sein.

GRUNDREZEPT *Alle Grundrezepte sind optisch hervorgehoben.*

In einigen Rezepten wird vorgekochter Reis als Zutat verwendet. Reis vom Vortag ist besonders locker und klebt nicht. Er eignet sich so wunderbar für Gerichte wie Nasi Goreng (S. 24). Als Beilage ist er die perfekte Ergänzung und macht das ein oder andere Gericht noch reichhaltiger.

Reis, Reis, Baby!

ZUTATEN

» 150 g Reis (z. B. Jasmin-, Basmati- oder Langkornreis)

ZUBEREITUNG

Für einen besonders körnigen Reis den Reis in kaltem Wasser 2–3 Mal gründlich waschen. Dabei werden Schmutzpartikel und überschüssige Stärke herausgeschwemmt. Der Reis bekommt dadurch eine lockere Konsistenz und klebt weniger stark zusammen. Anschließend mit der doppelten Menge Wasser (300 ml) in einem Topf zum Kochen bringen. Für 2 Minuten auf höchster Stufe köcheln lassen, dann den Herd ausschalten und den Reis zugedeckt 20 Minuten ausquellen lassen. Den Deckel nicht öffnen und den Reis keinesfalls umrühren.

Tipp

Lassen Sie sich nach Thailand entführen! Mit einem Hauch Kokosnuss schmeckt der Reis besonders exotisch. Das Rezept für meinen leckeren Thai-Kokos-Reis finden Sie auf S. 88!

Indonesien

Bumbu-Bali-Paste

15 MIN

ZUTATEN

- 4 Schalotten
- 5 Knoblauchzehen
- 1 Stängel Zitronengras
- 1 Chilischote
- 10 g Bio-Kurkuma
- 20 g Bio-Ingwer
- 1 TL Koriandersamen
- 50 g Kokosöl
- ½ TL Salz

AUSSERDEM

- 1 Glas (à 150 ml)

GRUNDREZEPT

ZUBEREITUNG

Schalotten und Knoblauch schälen. Das Zitronengras waschen, von der harten Außenschale befreien und in grobe Stücke schneiden. Die Chilischote halbieren, entkernen und waschen. Kurkuma und Ingwer waschen. Alle Zutaten in einem Blitzhacker fein pürieren. Die Gewürzpaste in ein Schraubglas füllen und im Kühlschrank bis zur Verwendung lagern.

Erdnusssauce

15 MIN

ZUTATEN

- 1 Knoblauchzehe
- 1 rote Chilischote
- 1 EL Rapsöl
- 100 g Erdnusskerne, geröstet & gesalzen
- 2 EL Erdnussmus
- 2 EL Sojasauce
- 200 ml Kokosmilch

AUSSERDEM

- 1 Glas (à 250 ml)

ZUBEREITUNG

Knoblauchzehe schälen und fein hacken. Die Chilischote halbieren, entkernen, waschen und fein hacken. Das Rapsöl in einer Pfanne erhitzen. Knoblauch, Chili und Erdnüsse hinzugeben und kurz anbraten. Erdnussmus, Sojasauce und Kokosmilch hinzugeben und bei mittlerer Hitze 2 Minuten köcheln lassen. Anschließend mit einem Stabmixer pürieren.

Tipp

Die Bumbu-Bali-Paste hält sich im Kühlschrank bis zu 5 Tage. Bei Bedarf kann die Paste auch in einen Eiswürfelbehälter gefüllt und eingefroren werden.

Balinesisches TOFU-GEMÜSE-CURRY

20 MIN

ZUTATEN

- 150 g Tofu
- 200 g Kartoffeln
- 75 g Blattspinat
- ½ Limette
- 2 EL Bumbu-Bali-Paste (siehe S. 14)
- 200 ml cremige Kokosmilch
- 1 EL Rohrzucker | Salz

ZUBEREITUNG

Tofu auf einem Küchentuch abtropfen lassen und klein würfeln. Die Kartoffeln schälen, waschen, halbieren und klein würfeln. Den Blattspinat waschen und trocken schleudern. Den Saft der Limette auspressen.

Die Bumbu-Bali-Paste in einem Wok erhitzen und 1 Minuten anbraten. Tofu und Kartoffeln hinzugeben und kurz mit anbraten. Kokosmilch, 125 ml Wasser und Zucker hinzugeben. Bei niedriger Hitze 12–15 Minuten einköcheln lassen. 2 Minuten vor Garzeitende den Blattspinat hinzugeben und mit Limettensaft und Salz abschmecken.

Tipp

Mit Jasminreis serviert, wird das Gemüse-Curry noch reichhaltiger und schmeckt gleich doppelt lecker.

Gado Gado
MIT ERDNUSSSAUCE

45 MIN

ZUTATEN

- 125 g Pak Choi
- 75 g grüne Bohnen
- 2 Frühlingszwiebeln
- 50 g Sojasprossen
- Salz
- 1 mittelgroße Kartoffel
- 100 g Tempeh
- 50 g Tofu
- Rapsöl
- 1 gekochtes Ei (Größe M)
- 2 EL Erdnusskerne
- 3 EL Erdnusssauce (siehe S. 14)

ZUBEREITUNG

Pak Choi, Bohnen und Frühlingszwiebeln waschen und putzen. Pak Choi in Streifen schneiden, die Bohnen halbieren und die Frühlingszwiebeln in feine Ringe schneiden. Die Sojasprossen waschen und trocken schleudern.

Salzwasser in einem Wok zum Kochen bringen. Pak Choi, Bohnen und Sojasprossen darin nacheinander jeweils 1 Minute blanchieren. Die Kartoffel schälen, waschen und in sehr dünne Scheiben schneiden. Tempeh und Tofu ebenfalls in Scheiben schneiden.

Ausreichend Öl in einem Wok erhitzen. Die Kartoffelscheiben darin goldbraun und knusprig anbraten und auf einem Küchenpapier abtropfen lassen. Anschließend Tempeh und Tofu in den Wok geben und rundum goldbraun anbraten, dann abtropfen lassen.

Ei in Scheiben schneiden und die Erdnüsse grob hacken. Pak Choi, Bohnen, Sprossen, Tempeh und Tofu auf Tellern anrichten. Mit Frühlingszwiebeln, Kartoffelchips, Ei und Erdnüssen dekorieren. Mit Erdnusssauce beträufelt servieren.

Fried Morning Glory

20 MIN

ZUTATEN

- » 350 g Wasserspinat (alternativ Blattspinat)
- » 2 Knoblauchzehen
- » 1 rote Chilischote
- » 1 EL Rapsöl
- » 1 EL Austernsauce
- » 1 EL Fischsauce
- » 1 EL fermentierte Sojabohnenpaste
- » 150 ml Gemüsebrühe

ZUBEREITUNG

Wasserspinat waschen, trocken schleudern und in mundgerechte Stücke schneiden. Knoblauchzehen schälen und fein hacken. Chilischote halbieren, entkernen, waschen und fein hacken. Das Öl im Wok erhitzen. Knoblauch und Chilischote hinzugeben und 1 Minute anbraten. Wasserspinat, Austernsauce, Fischsauce, fermentierte Sojabohnenpaste und Gemüsebrühe hinzugeben. 2–3 Minuten unter ständigem Rühren köcheln lassen und auf Tellern anrichten.

Tahu Goreng

20 MIN + 30 MIN [MARINIEREN]

ZUTATEN

- » 1 Knoblauchzehe
- » 10 g Bio-Ingwer
- » 2 EL Sojasauce
- » 200 g Tofu
- » 50 g Reismehl
- » 1 EL schwarzer Sesam
- » 1 Ei (Größe M)
- » Rapsöl
- » Kecap Manis (süße Sojasauce, nach Belieben)

ZUBEREITUNG

Knoblauch schälen, Ingwer waschen, beides fein hacken und mit Sojasauce vermischen. Tofu würfeln, in die Marinade geben und im Kühlschrank 30 Minuten ziehen lassen. In einem tiefen Teller Reismehl und Sesam vermengen. In einem weiteren tiefen Teller das Ei verquirlen. Tofu erst im Reismehl, dann im Ei und anschließend noch einmal im Reismehl wenden. Ausreichend Öl in einem Wok erhitzen. Den panierten Tofu bei mittlerer Hitze 5 Minuten darin knusprig braten, auf Küchenpapier abtropfen lassen und mit Kecap Manis servieren.

Tipp

Am besten Bio-Ingwer verwenden. Da entfällt das lästige Schälen der scharfen Knolle und es bleibt mehr übrig von den guten Inhaltsstoffen, die sich direkt unter der Schale befinden.

Perkedel Jagung

MAISFRIKADELLEN

30 MIN

ZUTATEN

- 1 rote Paprika
- 2 Frühlingszwiebeln
- 1 Dose Mais (Abtropfgewicht 285 g)
- 1 Limette
- 1 Ei (Größe M)
- 1½ EL Bumbu-Bali-Paste (siehe S. 14)
- 75 g Weizenmehl (Type 405)
- Salz | Pfeffer
- Rapsöl

ZUBEREITUNG

Die Paprika halbieren, putzen, waschen und klein würfeln. Die Frühlingszwiebeln waschen, putzen und in feine Ringe schneiden. Den Mais in einem Sieb abtropfen und die Hälfte fein pürieren. Die Limette vierteln.

Paprika, Frühlingszwiebeln, Mais und Maispüree mit Ei, Bumbu-Bali-Paste und Mehl vermengen. Salzen und pfeffern.

Ausreichend Öl in einem Wok erhitzen. Von der Teigmasse mit einem Esslöffel 10 Portionen abnehmen und in das heiße Öl geben. Die Maisfrikadellen bei mittlerer Hitze von beiden Seiten 3 Minuten goldbraun anbraten, dann auf Küchenpapier abtropfen lassen. Jeweils 5 Frikadellen auf einen Teller geben und mit Limettenvierteln servieren und genießen.

Tipp

Mit Jasminreis serviert werden die Frikadellen noch reichhaltiger.

Nasi Goreng

GEBRATENER REIS

45 MIN

ZUTATEN

- » Salz
- » 250 g Jasminreis
- » 1 Knoblauchzehe
- » 1 rote Zwiebel
- » 1 rote Chilischote
- » 3 Frühlingszwiebeln
- » 200 g Pak Choi
- » ¼ Salatgurke
- » 2 EL Rapsöl
- » 2 Eier (Größe M)
- » 100 g TK-Erbsen
- » 3 EL Kecap Manis
- » 4 EL Sojasauce

ZUBEREITUNG

Am Vortag: 500 ml Salzwasser mit dem Reis in einen Topf geben und zum Kochen bringen. 2 Minuten kochen lassen, dann den Herd ausschalten und den Reis zugedeckt 20 Minuten auf der ausgeschalteten Herdplatte quellen lassen.

Am nächsten Tag: Knoblauch und Zwiebel schälen und fein hacken. Die Chili halbieren, entkernen, waschen und fein hacken. Die Frühlingszwiebeln waschen, putzen und in feine Ringe schneiden. Den Pak Choi waschen, putzen und in dünne Streifen schneiden. Die Gurke waschen und in feine Scheiben schneiden.

1 EL Öl im Wok erhitzen. Die Eier darin aufschlagen und zu Spiegeleiern braten. Aus dem Wok nehmen und auf einem Teller warm halten. Restliches Öl (1 EL) in den Wok geben, erst Knoblauch und Zwiebeln darin knusprig anbraten, dann Chili, Pak Choi und TK-Erbsen hinzugeben und 2–3 Minuten braten.

Den gekochten Reis hinzugeben, alles mit Kecap Manis und Sojasauce abschmecken und weitere 3–5 Minuten rührbraten. Auf zwei Teller geben und mit Spiegelei, Frühlingszwiebeln und Gurkenscheiben garnieren.

Tipp

Kochen Sie den Reis unbedingt am Vortag. So bleibt er besonders locker und klebt nicht. Alternativ können Sie auch vorgekochten „Express"-Reis kaufen.

Sweet-Chili-TIGERGARNELEN

25 MIN

ZUTATEN

- 1 Tomate
- 1 rote Chilischote
- 10 cm Zitronengras
- 10 g Bio-Ingwer
- 1 Knoblauchzehe
- 1 kleine Schalotte
- 2 EL Rapsöl
- 1 Limette
- 2 EL Rohrzucker
- Salz
- 300 g White-Tiger-Garnelen (küchenfertig)
- 4 Stängel Petersilie

ZUBEREITUNG

Die Tomate waschen. Die Chili halbieren, entkernen und waschen. Das Zitronengras waschen und von der harten Außenschale befreien. Den Ingwer waschen. Knoblauch und Schalotte schälen. Alle vorbereiteten Zutaten fein hacken.

Den Wok erhitzen, 1 EL Rapsöl hineingeben und die gehackten Zutaten anbraten. Den Saft der Limette auspressen, mit dem Zucker in den Wok geben und 3–5 Minuten köcheln lassen.

Mit Salz abschmecken. Die Sweet-Chili-Sauce aus dem Wok in eine Schüssel umfüllen. Die Garnelen kalt abspülen und trocken tupfen. Die Petersilie waschen, trocken schütteln und fein hacken. Den Wok reinigen. Das restliche Öl (1 EL) erhitzen und die Garnelen 5 Minuten darin anbraten.

Die Sweet-Chili-Sauce mit den Garnelen vermengen und mit der Petersilie bestreut servieren.

Tipp

Mit Jasminreis serviert, werden die Sweet-Chili-Tigergarnelen zu einem leckeren Hauptgericht.

INDONESIEN

Orangen-Lachs IM BANANENBLATT

25 MIN + 1 STD [MARINIEREN]

ZUTATEN

- 2 Lachsfilets (à 125 g)
- 1 Knoblauchzehe
- 1 Bio-Orange
- 2 Stängel Petersilie
- 1 Frühlingszwiebel
- 2 EL Sojasauce
- 1 EL Sesamöl
- 1 TL Hoisin-Paste
- Salz
- 2 Bananenblätter (à 24 x 30 cm)
- Pfeffer (nach Belieben)

AUSSERDEM

- Zahnstocher
- Bambusdämpfer

ZUBEREITUNG

Lachsfilets unter kaltem Wasser abspülen und trocken tupfen. Knoblauch schälen und in feine Scheiben schneiden. Orange heiß abwaschen und 1 TL Schale abreiben. Orange halbieren. Eine Hälfte entsaften, die andere Hälfte in Scheiben schneiden. Petersilie waschen, trocken schütteln und fein hacken. Frühlingszwiebel waschen, putzen und in feine Ringe schneiden.

Knoblauch, Orangenabrieb, 50 ml Orangensaft, Petersilie, Sojasauce, Sesamöl und Hoisin-Paste verrühren. Die Lachsfilets in eine Auflaufform legen und mit der Sauce übergießen. Im Kühlschrank 60 Minuten marinieren lassen, dabei immer wieder mit der Sauce beträufeln.

Etwas Salzwasser im Wok zum Kochen bringen. Die Bananenblätter waschen, trocken tupfen und auf einer Arbeitsfläche bereitlegen. Auf jedes Bananenblatt ein Lachsfilet legen, zu einem Päckchen zusammenfalten und mit einem Zahnstocher fixieren.

Die Bananen-Lachs-Päckchen in den Bambusdämpfer legen und 10–12 Minuten bei mittlerer Hitze garen. Der Dampfgarer sollte das Wasser dabei nicht berühren. Den Lachs nach dem Garen nach Belieben mit Pfeffer abschmecken und mit den Orangenscheiben und den Frühlingszwiebeln bestreut servieren.

Indien

Dum Aloo

KARTOFFEL-CURRY

50 MIN

ZUTATEN

- 450 g kleine Kartoffeln | Salz
- 1 rote Zwiebel
- 2 Knoblauchzehen
- 1 Tomate
- 6 EL Rapsöl
- 20 g Cashewkerne
- 1/4 Bund Petersilie
- 1 Kardamomkapsel
- 1 Lorbeerblatt
- 1 TL Garam Masala (siehe S. 36)
- 1 TL Chilipulver
- 1/2 TL gemahlene Kurkuma
- 1 TL edelsüßes Paprikapulver
- 3 EL Joghurt | Pfeffer

ZUBEREITUNG

Kartoffeln in reichlich Salzwasser bei mittlerer Hitze in 15–18 Minuten gar kochen, dann abtropfen und auskühlen lassen. Kartoffeln pellen und mit einem Zahnstocher rundherum einstechen. In der Zwischenzeit Zwiebel und Knoblauch schälen und grob hacken. Tomate waschen, trocken tupfen und vierteln, dabei den Stielansatz entfernen.

5 EL Rapsöl in einen Wok geben. Pellkartoffeln darin 5–8 Minuten knusprig braten. Währenddessen Zwiebeln, Knoblauch, Tomate und Cashewkerne mit einem Stabmixer zu einer feinen Paste pürieren. Petersilie waschen, trocken schütteln und fein hacken.

Restliches Öl (1 EL) in den Wok geben. Kardamom und Lorbeerblatt darin anbraten, bis es duftet. Paste hinzugeben und kurz anbraten. Gewürze und Joghurt hinzugeben und weiter köcheln lassen, bis die Sauce eindickt. Kartoffeln und 50 ml Wasser hinzugeben und bei mittlerer Hitze 5 Minuten köcheln lassen. Mit Salz und Pfeffer abschmecken und, mit Petersilie bestreut, servieren.

Samosas

VEGGIE-TEIGTASCHEN

50 MIN

ZUTATEN

- 15 TK-Frühlingsrollenblätter (21,5 cm x 21,5 cm, Asien-Laden)
- 250 g gekochte Pellkartoffeln
- 1 Zwiebel
- 2 Knoblauchzehen
- Rapsöl
- 50 g TK-Erbsen
- ½ TL gemahlene Kurkuma
- ¼ TL gemahlener Koriander
- ½ TL gemahlener Kreuzkümmel
- ½ TL Chilipulver
- 1 TL Garam Masala (siehe S. 36)
- ¼ Bund Petersilie
- Salz | Pfeffer

ZUBEREITUNG

Frühlingsrollenblätter nach Packungsanleitung auftauen lassen. Pellkartoffeln schälen und fein zerstampfen. Zwiebel und Knoblauch schälen und fein hacken.

1 EL Rapsöl im Wok erhitzen. Zwiebel, Knoblauch und Erbsen darin bei mittlerer Hitze 2–3 Minuten andünsten. Die gestampften Kartoffeln mit Kurkuma, Koriander und Kreuzkümmel sowie Chilipulver und Garam Masala hinzugeben und alles gut vermengen. Petersilie waschen, trocken schütteln, fein hacken und unter das Gemüse rühren. Die Füllung mit Salz und Pfeffer abschmecken und beiseitestellen.

Frühlingsrollenblätter auf einer Arbeitsfläche auslegen und halbieren. Jeweils mittig auf die linke Hälfte des Rechtecks etwa 2 TL Füllung verteilen. Die Ecken mit Wasser befeuchten. Dann die obere linke Ecke des Rechtecks nach unten rechts zur Mitte klappen, sodass ein Dreieck entsteht. Dieses Dreieck weiter umklappen, bis die gesamte Teigbahn verarbeitet ist. Mit allen Teigblättern so verfahren, bis alle 30 Samosas befüllt sind.

Ausreichend Öl im Wok erhitzen. Samosas im heißen Fett 1–2 Minuten goldbraun frittieren, auf Küchenpapier abtropfen lassen und servieren.

Garam Masala

15 MIN

ZUTATEN

- 1 TL grüne Kardamomkapseln
- 2 EL Kreuzkümmelsamen
- 3 EL Korianderkörner
- 2 Nelken
- 1 EL schwarze Pfefferkörner
- 1 TL Fenchelsamen
- 1 EL gemahlener Zimt
- 1 TL gemahlene Kurkuma

GRUNDREZEPT

ZUBEREITUNG

Kardamom, Kreuzkümmel, Koriander, Nelken, Pfeffer und Fenchelsamen im Wok anrösten, bis es intensiv duftet und die ätherischen Öle der Gewürze freigesetzt werden. Die gerösteten Samen auskühlen lassen und anschließend mit Zimt und Kurkuma vermischen. Die Mischung in einen Mixer oder Mörser geben und zu einem feinen Pulver zermahlen. Die Gewürzmischung in ein Glas füllen.

Tikka-Masala-Paste

15 MIN

ZUTATEN

- 1 Knoblauchzehe
- 1 rote Chilischote
- 1 Handvoll Koriandergrün
- 10 g Bio-Ingwer
- 3 Kardamomkapseln
- 1 TL Korianderkörner
- 1 TL Kreuzkümmelsamen
- 2 EL flüssiges Kokosöl
- 1 EL Tomatenmark
- 1 TL Cayennepfeffer
- 1 TL edelsüßes Paprikapulver
- 2 TL Garam Masala (siehe oben) | Salz

AUSSERDEM

- 1 Glas (à 150 ml)

GRUNDREZEPT

ZUBEREITUNG

Knoblauch schälen. Chilischote längs halbieren, entkernen und waschen. Koriandergrün waschen, trocken schütteln und grob hacken. Ingwer waschen. Kardamomkapseln mit dem Messerrücken leicht andrücken. Kardamomkapseln, Korianderkörner und Kreuzkümmelsamen im Wok 1 Minute anrösten, bis sie duften. Alle Zutaten mit 1 TL Salz in einen Blitzhacker geben und zu einer cremigen Paste pürieren. Paste in ein sauberes Glas füllen und im Kühlschrank kalt stellen.

Tipp

Tikka-Masala-Paste hält sich gekühlt bis zu 1 Woche.

Kurkuma-Reis

MIT GARNELEN & ROSINEN

45 MIN

ZUTATEN

- 1 Knoblauchzehe
- 150 g Jasminreis
- 2 EL Ghee
- 2 grüne Kardamomkapseln
- 1 Zimtstange | Salz
- 1 TL gemahlene Kurkuma
- 2 EL goldene Rosinen
- 250 g Garnelen (küchenfertig, mit Schale)
- Pfeffer

ZUBEREITUNG

Den Knoblauch schälen und in dünne Scheiben schneiden. Reis unter kaltem Wasser gründlich spülen und abtropfen lassen. 1 EL Ghee in einem Wok erhitzen. Kardamomkapseln mit dem Messerrücken leicht andrücken, mit der Zimtstange in das heiße Ghee geben und 1 Minute anbraten, bis es duftet. Reis hinzugeben, mit 300 ml Wasser auffüllen und 2 Minuten aufkochen lassen. Leicht salzen, dann 20 Minuten auf der ausgeschalteten Herdplatte bei geschlossenem Deckel ausquellen lassen. Dann Kurkuma und Rosinen unter den Reis rühren. Nochmals mit Salz abschmecken und in einer Schüssel anrichten. Restliches Ghee (1 EL) in den Wok geben. Die Garnelen unter kaltem Wasser abspülen und trocken tupfen. Mit dem Knoblauch in den Wok geben und 2–3 Minuten anbraten. Salzen und pfeffern und mit dem Kurkuma-Reis servieren.

Naan

20 MIN

ZUTATEN

- 1 Knoblauchzehe
- 2 Stängel Petersilie
- 2 EL Olivenöl
- 180 g Weizenmehl (Type 405)
- 2 TL Backpulver
- ½ TL Salz
- 125 g Joghurt

ZUBEREITUNG

Den Knoblauch schälen und fein hacken. Die Petersilie waschen, trocken schütteln und fein hacken. Olivenöl, Knoblauch und Petersilie in eine kleine Schüssel geben und verrühren.

Mehl, Backpulver und Salz in einer Schüssel vermengen. Den Joghurt hinzugeben und zu einem glatten Teig verkneten.

Den Teig auf einer leicht bemehlten Arbeitsfläche zu 4 Kugeln formen. Jede Kugel zu einem kleinen Fladen mit je 13 cm Durchmesser ausrollen.

Die 4 Fladen nacheinander in einem Wok ohne Öl 2 Minuten von jeder Seite ausbacken. Naan mit dem Knoblauchöl bestreichen und sofort servieren.

Chapati

10 MIN + 15 MIN [RUHEN]

ZUTATEN

- 225 g Dinkelvollkornmehl
- ¼ TL Salz
- 55 g flüssiges Ghee

ZUBEREITUNG

Das Dinkelvollkornmehl mit Salz, Ghee und 125 ml Wasser in einer Schüssel zu einem geschmeidigen Teig verkneten. Dann den Teig 15 Minuten ruhen lassen. Anschließend in 4 Kugeln aufteilen und diese auf einer leicht bemehlten Arbeitsfläche zu 0,5 cm dicken Fladen ausrollen. Die 4 Fladen nacheinander in einem heißen Wok ohne Öl von jeder Seite etwa 1 Minute ausbacken.

Tikka Masala
MIT KABELJAUFILET

30 MIN

ZUTATEN

- » 1 rote Zwiebel
- » 125 g Zuckerschoten
- » ¼ Bund Petersilie
- » 350 g Kabeljaufilet
- » 1 EL Rapsöl
- » 2 EL Tikka-Masala-Paste (siehe S. 36)
- » 1 TL Garam Masala (siehe S. 36)
- » 250 ml Kokosmilch
- » 250 g gehackte Tomaten (Dose)
- » Salz | Pfeffer
- » Naan (nach Belieben, siehe S. 40)

ZUBEREITUNG

Die Zwiebel schälen und fein würfeln. Die Zuckerschoten waschen, putzen und halbieren. Die Petersilie waschen, trocken schütteln und fein hacken. Das Kabeljaufilet kalt abspülen, trocken tupfen und in 2 cm große Würfel schneiden.

Das Öl im Wok erhitzen. Den Fisch hinzugeben und 3 Minuten darin anbraten. Anschließend aus der Pfanne nehmen und zur Seite stellen. Die Zwiebeln mit der Tikka-Masala-Paste in den Wok geben und 1 Minute anbraten. Garam Masala mit Kokosmilch, gehackten Tomaten und 125 ml Wasser hinzugeben. Bei mittlerer Hitze 12–15 Minuten köcheln lassen. 5 Minuten vor Garzeitende den Fisch und die Zuckerschoten hinzugeben und mit garen. Das Tikka Masala mit Salz und Pfeffer abschmecken. Mit Petersilie bestreuen und nach Belieben mit Naan-Brot servieren.

Tipp

Das Tikka Masala schmeckt auch ganz wunderbar mit Tofu statt Kabeljau. Dafür den Fisch einfach durch 200 g Tofu ersetzen.

Indisches
CHICKEN KORMA

40 MIN + 1 STD [RUHEN]

ZUTATEN

- 350 g Hähnchenbrustfilet
- 10 g Bio-Ingwer
- 1 EL Tomatenmark
- 2 TL Garam Masala (siehe S. 36)
- ½ TL Paprikapulver
- ½ TL gemahlener Zimt
- ½ TL gemahlene Kurkuma
- 50 g griechischer Joghurt
- 1 Zwiebel
- 1 Knoblauchzehe
- 1 EL Ghee
- 150 ml Hühnerbrühe
- 50 g Crème fraîche
- ¼ Bund Koriandergrün (alternativ Petersilie)
- Salz | Pfeffer

ZUBEREITUNG

Das Hähnchenfleisch in 2 cm dicke Stücke schneiden. Den Ingwer waschen und klein hacken. Ingwer, Tomatenmark, Garam Masala, Paprikapulver, Zimt, Kurkuma und Joghurt miteinander vermengen. Die Hähnchenstücke dazugeben und gut mit der Marinade vermischen. Zugedeckt im Kühlschrank 1 Stunde ruhen lassen.

In der Zwischenzeit Zwiebel und Knoblauchzehe schälen und fein hacken.

Das Ghee im Wok erhitzen. Zwiebel und Knoblauch darin 2 Minuten anbraten. Das Hähnchenfleisch dazugeben und 8–10 Minuten bei mittlerer Hitze köcheln lassen. Hühnerbrühe und Crème fraîche hinzugeben und für weitere 5–8 Minuten dicklich einkochen.

Koriander waschen, trocken schütteln und grob hacken. Das Chicken Korma mit Salz und Pfeffer abschmecken und, mit Koriander bestreut, servieren.

Tipp

Indisch ohne Reis oder Brot? Undenkbar! Deshalb unbedingt Jasminreis oder Naan (siehe S. 40) dazu servieren.

Indische FLEISCHBÄLLCHEN

40 MIN

ZUTATEN

- 1 Knoblauchzehe
- 10 g Bio-Ingwer
- 250 g Lammhackfleisch
- 1 TL gemahlene Kurkuma
- 1 TL Garam Masala (siehe S. 36)
- Salz | Pfeffer
- 2 EL Ghee
- 1 rote Zwiebel
- 4 Stängel Petersilie
- ½ TL gemahlener Kreuzkümmel
- 2 TL Currypulver
- 2 Curryblätter
- 125 ml Hühnerbrühe
- 150 g Kichererbsen (Dose)
- 3 EL griechischer Joghurt
- 2 EL goldene Rosinen

ZUBEREITUNG

Knoblauch schälen, Ingwer waschen und beides fein hacken. Hackfleisch, Ingwer, Knoblauch, Kurkuma und Garam Masala miteinander vermengen. Mit Salz und Pfeffer abschmecken. Aus der Masse 10 gleich große Bällchen formen.

Ghee in einem Wok erhitzen. Die Hackfleischbällchen darin bei mittlerer Hitze in 5–8 Minuten rundherum goldbraun anbraten, aus dem Wok nehmen und zur Seite stellen. Die Zwiebel schälen, halbieren und in dünne Ringe schneiden. Die Petersilie waschen, trocken schütteln und fein hacken. Die Zwiebeln in den Wok geben und 1–2 Minuten anbraten. Kreuzkümmel, Currypulver und Curryblätter hinzugeben und kurz mitbraten.

Mit Hühnerbrühe aufgießen und zum Kochen bringen. Die Kichererbsen abbrausen und abtropfen lassen. Joghurt, Kichererbsen und Rosinen mit in den Wok geben und leicht dicklich einkochen lassen. Die Fleischbällchen dazugeben und alles mit Salz und Pfeffer abschmecken. Auf zwei Teller geben und, mit gehackter Petersilie bestreut, servieren.

China

Chow Mein

GEBRATENE NUDELN

25 MIN

ZUTATEN

- 200 g Mie-Nudeln
- 300 g Pak Choi
- 125 g Möhren
- 4 Frühlingszwiebeln
- 1 Zwiebel
- 1 Knoblauchzehe
- 1 kleine Chilischote
- 2 EL Rapsöl
- 250 g Garnelen (küchenfertig)
- 2 EL Austernsauce
- 2 EL dunkle Sojasauce

ZUBEREITUNG

Nudeln mit kochendem Wasser übergießen und 5 Minuten ziehen lassen. Nudeln abgießen und zur Seite stellen.

Pak Choi waschen, putzen und in grobe Stücke schneiden. Möhren schälen und in feine Streifen schneiden. Frühlingszwiebeln waschen, putzen und in feine Ringe schneiden. Zwiebel und Knoblauch schälen. Die Chilischote halbieren, entkernen, waschen. Alles fein hacken.

1 EL Öl in einem Wok erhitzen. Garnelen unter kaltem Wasser abspülen, trocken tupfen, in den Wok geben und 2 Minuten unter Rühren anbraten. Aus dem Wok nehmen und zur Seite stellen. Restliches Öl (1 EL) in den Wok geben. Nudeln mit Gemüse, Zwiebeln, Knoblauch und Chili hinzugeben und 3–4 Minuten braten. Mit Austern- und Sojasauce ablöschen. Garnelen hinzugeben und weitere 2 Minuten scharf anbraten, dann servieren.

Egg Foo Young

CHINESISCHES OMELETT

25 MIN

ZUTATEN

- » 1 Schalotte
- » 1 Knoblauchzehe
- » 150 g Garnelen (küchenfertig)
- » 150 g Sojasprossen
- » 2 Frühlingszwiebeln
- » 6 Eier (Größe M)
- » ½ TL Austernsauce
- » 1 EL Sojasauce
- » 2 EL Rapsöl
- » 80 g Salatgurke
- » 1 TL schwarzer Sesam
- » 2 EL Sweet-Chili-Sauce (nach Belieben, siehe S. 26)

ZUBEREITUNG

Schalotte und Knoblauch schälen und fein hacken. Garnelen unter kaltem Wasser abspülen und trocken tupfen. Sojasprossen waschen und mit den Garnelen klein schneiden. Frühlingszwiebeln waschen, putzen und in feine Ringe schneiden. Eier in einer Schüssel aufschlagen. Mit Austern- und Sojasauce verquirlen.

Gehackte Schalotten, Knoblauch, Sojasprossen, Garnelen und etwa drei Viertel der Frühlingszwiebeln untermischen.

Das Öl in einem Wok erhitzen. Die Hitze reduzieren und den Teig mit einer Schöpfkelle portionsweise hineingeben. Omeletts von beiden Seiten jeweils 2 Minuten anbraten. In der Zwischenzeit die Gurke waschen und in feine Scheiben schneiden.

Omeletts auf Tellern anrichten. Mit restlichen Frühlingszwiebeln und schwarzem Sesam bestreuen und mit Sweet-Chili-Sauce nach Belieben servieren.

政府和媒体频繁
中方曾多次表示
任何形式的网络攻击
对个别人借此抹黑中国。
战略研究所所长秦安20日
更公正地看待华为
"还记得斯诺登吗?"
术新闻网站 The Register 19日
"国家支持的间谍活动
于它自己就这么干过。
服务器上安

Teriyaki-Lachs MIT SCHMORGURKEN

30 MIN

ZUTATEN

- 250 g Lachsfilet
- 1 Salatgurke (400 g)
- 3 Stängel Koriandergrün (nach Belieben)
- 1 EL Rapsöl
- 10 g Ingwer
- 50 ml Sojasauce
- 50 ml Mirin (Reiswein)
- 1 EL Reisessig
- 1 EL Rohrzucker

ZUBEREITUNG

Lachsfilet unter kaltem Wasser abspülen, trocken tupfen und würfeln. Gurke schälen, halbieren, entkernen und in daumendicke Scheiben schneiden. Koriander waschen, trocken schütteln und fein hacken.

Öl in einem Wok erhitzen. Lachswürfel hinzugeben und 2 Minuten anbraten. Herausnehmen und zur Seite stellen. Gurkenscheiben in den Wok geben und 3 Minuten bei mittlerer Hitze anbraten. Herausnehmen und beiseitestellen.

Ingwer waschen und mit Schale fein reiben. Mit Sojasauce, Mirin, Reisessig und Rohrzucker in einem kleinen Topf aufkochen. Die Sauce anschließend bei niedriger Hitze 5 Minuten dicklich einkochen lassen.

Lachs, Gurken und 3 EL der Teriyaki-Sauce zurück in den Wok geben. Alles vermischen und 2 Minuten bei niedriger Hitze weiter braten. Anschließend, mit Koriander bestreut, servieren.

Sesambällchen

45 MIN

ZUTATEN

- 215 g Weizenmehl (Type 405)
- 1 TL Backpulver
- Salz
- 1 Vanilleschote
- 2 Eier (Größe M)
- 25 g weiche Butter
- 125 g Zucker
- 50 g geschälter Sesam
- Erdnussöl
- Honig

ZUBEREITUNG

Mehl, Backpulver und 1 Prise Salz vermischen. Vanilleschote mit einem scharfen Messer längs einritzen und das Mark auskratzen. Die Eier in eine Schüssel aufschlagen, Vanillemark, Butter und Zucker hinzugeben und alles zu einem Teig verkneten. Den Teig auf einer leicht bemehlten Arbeitsfläche zu einer langen Rolle formen und mit einem Messer in 20 Stücke teilen. Diese anschließend zu Bällchen formen. Sesam auf einen Teller geben und die Bällchen darin wälzen. Ausreichend Öl in einem Wok erhitzen. Sesambällchen bei mittlerer Hitze etwa 5 Minuten darin rundherum goldbraun frittieren. Auf Küchenpapier abtropfen lassen. Die 20 Bällchen auf einer Platte anrichten und mit Honig servieren.

Gebackene Banane

25 MIN

ZUTATEN

- 50 g Weizenmehl (Type 405) | Salz
- 1 TL Backpulver
- 1 Bio-Zitrone
- 20 g Zucker
- 50 ml Milch
- 2 kleine Bananen
- Erdnussöl
- Puderzucker | Honig

ZUBEREITUNG

Mehl, 1 Prise Salz und Backpulver vermengen. Zitrone waschen, Schale abreiben und die Zitrone auspressen. Zucker, Milch und 1 TL Zitronenabrieb zur Mehlmischung geben und alles zu einem dickflüssigen Teig verrühren. Die Bananen schälen, in daumendicke Scheiben schneiden und mit etwas Zitronensaft beträufeln. Ausreichend Öl in einem Wok erhitzen. Bananenscheiben durch den Teig ziehen, im heißen Öl goldbraun frittieren und auf Küchenpapier abtropfen lassen. Mit Puderzucker bestäuben und mit Honig servieren.

Tipp
Statt Honig können Sie auch Ahornsirup verwenden.

Zitronenhuhn

45 MIN

ZUTATEN

- 1 Knoblauchzehe
- 1 rote Chilischote
- 10 g Bio-Ingwer
- 2 Bio-Zitronen
- 2 EL Sojasauce
- 50 g Zucker
- 1 TL Speisestärke
- 350 g Hähnchenbrustfilet
- Salz | Pfeffer
- 1 Ei (Größe M)
- 60 g Weizenmehl (Type 405)
- 1 TL Backpulver
- Rapsöl

ZUBEREITUNG

Knoblauch schälen, Chili entkernen, Ingwer waschen. Alles fein hacken. 1 TL Zitronenschale abreiben. 100 ml Zitronensaft auspressen. Alles mit Sojasauce und Zucker im Wok aufkochen und 3 Minuten köcheln lassen. Stärke mit 2 TL kaltem Wasser verrühren und unter die Sauce rühren. Sauce aus dem Wok nehmen.

Hühnchen in Würfel schneiden, salzen und pfeffern. Das Ei verquirlen. Mehl und Backpulver in einer Schüssel vermischen. Hühnchen erst im Mehl, dann im Ei und wieder im Mehl wenden. Ausreichend Öl im Wok erhitzen. Hühnchenwürfel darin 3–5 Minuten anbraten, abtropfen lassen, mit Sauce überziehen und servieren.

Gedämpfter Tofu

25 MIN

ZUTATEN

- 75 g Thai-Spargel
- 2 Knoblauchzehen
- 2 Frühlingszwiebeln
- 1 rote Chilischote
- 6 Stängel Koriandergrün | Salz
- 300 g Seidentofu
- 2 EL Sojasauce
- 1½ EL Sesamöl
- 2 EL Zitronensaft
- 1 TL Zucker
- Bambusdämpfer

ZUBEREITUNG

Spargel waschen, putzen und längs halbieren. Knoblauch schälen und in Scheiben schneiden. Frühlingszwiebeln waschen, putzen und in Ringe schneiden. Chili entkernen und fein hacken. Koriander waschen, trocken schütteln und die Blättchen grob hacken. Salzwasser im Wok zum Kochen bringen.

Den Dämpfer mit Backpapier auslegen und in den Wok setzen. Tofu und Spargel ins Körbchen setzen und 5–7 Minuten darin dämpfen. Chili, Sojasauce, Öl, Zitronensaft und Zucker mischen. Die Sauce in einen tiefen Teller geben, Tofu und Spargel darauf anrichten und mit Koriander bestreuen.

Tipp

Für grüne Frische: 3 Frühlingszwiebeln waschen, putzen, in feine Ringe schneiden und über das Zitronenhuhn streuen.

Tipp

Am besten schmeckt der gedämpfte Seidentofu mit einer leckeren Portion Reis.

Dim Sum
IM GARKÖRBCHEN

30 MIN + 45 MIN [AUFTAUEN]

ZUTATEN

- 20 TK-Wan-Tan-Blätter (9 x 9 cm)
- 1 Knoblauchzehe
- 75 g Garnelen (küchenfertig)
- 3 Frühlingszwiebeln
- 150 g Rinderhackfleisch
- 1 Ei (Größe M)
- 1 TL Austernsauce
- 2 EL Sojasauce
- 1 TL schwarzer Sesam

AUSSERDEM

- Backpapier
- Bambusdämpfer
- Rapsöl

ZUBEREITUNG

Die Wan-Tan-Blätter bei Raumtemperatur auftauen lassen. In der Zwischenzeit Knoblauch schälen. Garnelen unter kaltem Wasser abspülen und trocken tupfen. Knoblauch und Garnelen fein hacken. Frühlingszwiebeln waschen, putzen und in feine Ringe schneiden.

In einer Schüssel Knoblauch, Garnelen, etwa zwei Drittel der Frühlingszwiebeln, Hackfleisch, Ei, Austernsauce und Sojasauce miteinander vermengen. Wan-Tan-Teigblätter auf einer Arbeitsfläche nebeneinander auslegen und in die Mitte eines jeden Teigblattes 1 TL Füllung geben.

Die Außenränder der Teigblätter mit Wasser bepinseln, die vier Ecken zur Mitte führen und die Wan Tan zu einem Säckchen zusammendrücken.

Backpapier auf die Größe des Bambusdämpfers zurechtschneiden, mit etwas Öl bestreichen und im Dämpfkörbchen auslegen. Den Wok mit Wasser füllen und das Dämpfkörbchen darauf platzieren. Das Wasser zum Kochen bringen. Die 20 Teigtaschen portionsweise im Bambusdämpfer 8–10 Minuten garen. Mit Sesam und den restlichen Frühlingszwiebeln bestreut servieren.

Wan-Tan-SUPPE

35 MIN + 45 MIN [AUFTAUEN]

ZUTATEN

- 8 TK-Wan-Tan-Blätter (9 x 9 cm)
- 1 Knoblauchzehe
- 100 g Pak Choi
- 2 Frühlingszwiebeln
- 70 g Räuchertofu
- 75 g Shimeji-Pilze (Asien-Laden, alternativ Champignons)
- 1 EL Rapsöl
- 3 EL Sojasauce
- Pfeffer
- 150 g Gemüse (z. B. 80 g Möhre und 70 g Thai-Spargel)
- 1 Chilischote
- 10 g Bio-Ingwer
- 1 Limette
- 500 ml Gemüsebrühe

ZUBEREITUNG

Die TK-Wan-Tan-Blätter auftauen lassen. Den Knoblauch schälen und fein hacken. Den Pak Choi waschen, putzen und in feine Streifen schneiden. Die Frühlingszwiebeln waschen, putzen und fein hacken. Den Räuchertofu mit einem Küchenpapier trocken tupfen und klein hacken. Shimeji-Pilze putzen und 25 g davon klein schneiden.

Das Öl im Wok erhitzen. Knoblauch, Pak Choi, Frühlingszwiebeln, Shimeji-Pilze und Tofu darin 2–3 Minuten anbraten. Mit 1 EL Sojasauce und Pfeffer abschmecken. Die Wan-Tan-Teigblätter auf einer Arbeitsfläche nebeneinander auslegen. In die Mitte eines jeden Teigblattes 1 TL der Füllung geben. Die Außenränder mit Wasser bepinseln, die vier Ecken des Teigblattes zur Mitte führen und zu einem Säckchen zusammendrücken.

Für die Suppe die Möhre schälen und in feine Streifen (Julienne) schneiden. Den Spargel waschen, putzen und klein schneiden. Die Chili halbieren, entkernen, waschen und fein hacken. Den Ingwer waschen und mit Schale fein hacken. Die Limette auspressen. Brühe im Wok zum Kochen bringen. Restliche Pilze (50 g) mit Möhrenstreifen, Spargel, Chili, Ingwer und den Wan-Tan hineingeben. Für 5 Minuten leicht köcheln lassen. Mit restlicher Sojasauce (2 EL) und Limettensaft abschmecken.

Chop Suey MIT HÜHNCHEN

35 MIN

ZUTATEN

- » 5 getrocknete Shiitake
- » 2 Knoblauchzehen
- » 1 rote Zwiebel
- » 80 g Pak Choi
- » ¼ gelbe Paprika
- » 200 g Hähnchenbrustfilet
- » 2 TL Speisestärke
- » 2 EL Sojasauce
- » 1 TL Austernsauce
- » 150 ml Hühnerbrühe
- » 1 EL Rapsöl
- » 100 g Sojasprossen
- » 1 TL Rohrzucker
- » Pfeffer

ZUBEREITUNG

Die Shiitake 30 Minuten in warmem Wasser einweichen. In der Zwischenzeit Knoblauch und Zwiebel schälen und fein hacken. Den Pak Choi waschen, putzen und in Streifen schneiden. Die Paprika halbieren, putzen, waschen und in feine Streifen schneiden. Die Pilze aus dem Wasser nehmen, ausdrücken und in dünne Scheiben schneiden. Das Hähnchenbrustfilet in dünne Streifen schneiden. Speisestärke, Sojasauce, Austernsauce und Hühnerbrühe miteinander verrühren.

Das Öl in einem Wok erhitzen. Knoblauch und Zwiebel darin glasig andünsten. Die Hähnchenstreifen hinzugeben und 1 Minute rundherum scharf anbraten. Pilze, Pak Choi, Paprika und Sojasprossen hinzugeben und 1 Minute mit braten. Die Sauce hinzugeben und 1–2 Minuten köcheln lassen, bis sie leicht eindickt. Mit Zucker und Pfeffer abschmecken und sofort servieren.

Tipp

Mit Jasminreis schmeckt das „Wok" Suey besonders lecker.

Vietnam

Zitronengrashuhn

20 MIN

ZUTATEN

- 1–2 EL Fischsauce
- 2 EL Sojasauce
- 1 TL Tamarindenpaste
- 1 TL Zucker
- 20 cm Zitronengras
- 2 Knoblauchzehen
- 1 rote Chilischote
- 2 Frühlingszwiebeln
- 1 Tomate
- 400 g Hähnchenbrustfilet
- 2 EL Rapsöl | Pfeffer

ZUBEREITUNG

Fischsauce, Sojasauce, Tamarindenpaste und Zucker miteinander vermischen. Das Zitronengras waschen, von der harten Außenschale befreien und sehr fein hacken. Den Knoblauch schälen und fein hacken. Die Chilischote halbieren, entkernen, waschen und ebenfalls fein hacken. Die Frühlingszwiebeln waschen, putzen und in feine Ringe schneiden. Die Tomate waschen, halbieren, Stielansatz entfernen und das Fruchtfleisch grob würfeln. Das Hähnchenbrustfilet würfeln. Das Öl in einem Wok erhitzen. Die Hähnchenwürfel hinzugeben und scharf anbraten. Zitronengras, Knoblauch und Chili hinzugeben und 1 Minute scharf anbraten. Mit der Sauce ablöschen, die Tomatenwürfel hinzugeben und alles mit Pfeffer abschmecken. Mit Frühlingszwiebeln bestreut servieren.

Papayasalat

30 MIN

ZUTATEN

- 1 rote Chilischote
- 2 Knoblauchzehen
- 1 Schalotte
- 350 g grüne Papaya
- 1 kleine Möhre
- 1 Tomate
- ½ Limette
- 1 TL Tamarindenpaste
- 1 EL Rapsöl
- 2 EL Sojasauce
- 1 EL Zucker | Pfeffer
- 2 EL Erdnusskerne

ZUBEREITUNG

Chili entkernen, Knoblauch und Schalotte schälen und alles fein hacken. Die Papaya schälen, halbieren und entkernen. Die Möhre schälen. Beides mit einem Julienneschneider in dünne Streifen schneiden. Die Tomate waschen, halbieren, den Stielansatz entfernen und das Fruchtfleisch würfeln. Die Limette auspressen. Tomatenwürfel, Limettensaft, Tamarindenpaste, Öl, Sojasauce und Zucker in einen Mixer geben und fein pürieren. Alle vorbereiteten Zutaten mit der Sauce in einer Schüssel gut vermischen und mit Pfeffer abschmecken. Die Erdnüsse grob hacken. Den Papayasalat mit gehackten Erdnüssen bestreuen und genießen.

Banh Troi

SÜSSE REISBÄLLCHEN

50 MIN

ZUTATEN

- 20 Physalis
- 180 g Klebreismehl
- 20 g Reismehl | Salz
- 25 g Bio-Ingwer
- 1 Vanilleschote
- 100 g Palmzucker (alternativ Rohrzucker)
- 2 TL weißer und schwarzer Sesam

ZUBEREITUNG

Die Physalis von den Blättern befreien, waschen und trocken tupfen. Klebreismehl, Reismehl und 1 Prise Salz miteinander vermischen. 180–200 ml lauwarmes Wasser hinzugeben und alles zu einem geschmeidigen Teig verkneten. Der Teig sollte nicht zu klebrig sein und sich gut mit den Händen formen lassen. Den Teig in 20 Stücke teilen, mit den Händen zu kleinen Bällchen formen und flach drücken. Auf jedes Bällchen 1 Physalis legen und den Teig um die Physalis herum zu einer Kugel formen.

Ausreichend Wasser in einem Wok zum Kochen bringen. Die Hitze reduzieren, bis das Wasser nur noch siedet, und die Reisbällchen vorsichtig hineinlegen. Sobald sie an die Wasseroberfläche steigen, noch 1 weitere Minute sieden lassen, dann in Eiswasser legen.

In der Zwischenzeit den Ingwer waschen und mit Schale fein reiben. Das Mark aus der Vanilleschote kratzen. 350 ml Wasser mit Zucker, Ingwer und Vanillemark im Wok erhitzen, bis der Zucker sich vollständig aufgelöst hat. Die Reisbällchen hinzugeben und 5 Minuten im Sirup erwärmen. Dann den Sirup durch ein Sieb abseihen und dabei auffangen. Die 20 Reisbällchen in Schälchen anrichten, mit dem Sirup beträufeln und, mit Sesam bestreut, servieren.

Frühlingsrollen

45 MIN

ZUTATEN

- 50 g Reisnudeln
- 1 kleine Möhre
- 1 Zwiebel
- 1 Knoblauchzehe
- 10 g Bio-Ingwer
- 50 g Tofu
- 125 g Sojasprossen
- 150 g Garnelen (küchenfertig)
- 2 Frühlingszwiebeln
- 1 Ei (Größe M)
- 3 EL Sojasauce
- Pfeffer
- 10 Blatt Reispapier (ø 22 cm)
- Rapsöl

ZUBEREITUNG

Reisnudeln nach Packungsanleitung garen, abtropfen lassen und fein hacken. Möhre schälen und in feine Streifen (Julienne) schneiden. Zwiebel und Knoblauch schälen und fein hacken. Ingwer waschen und mit Schale fein reiben. Tofu fein zerkrümeln. Sojasprossen waschen und klein schneiden. Garnelen waschen, trocken tupfen und fein hacken. Frühlingszwiebeln waschen, putzen und in feine Ringe schneiden.

Die vorbereiteten Zutaten mit dem Ei vermengen, mit Sojasauce und Pfeffer abschmecken. Reispapier mit kaltem Wasser bestreichen, bis es sich biegen lässt. Mittig mit der Füllung belegen. Die Seiten links und rechts zur Mitte falten, dann von unten nach oben fest einrollen. Ausreichend Öl im Wok erhitzen. Die 10 Röllchen darin 3–5 Minuten goldbraun frittieren. Auf Küchenpapier abtropfen lassen und mit Nuoc-Mam-Cham-Dip servieren.

Nuoc Mam Cham

10 MIN

ZUTATEN

- 2 Knoblauchzehen
- 1 rote Chilischote
- ½ Limette
- 2 EL Zucker | Pfeffer
- 3 EL Fischsauce
- 2 EL Reisessig

GRUNDREZEPT

ZUBEREITUNG

Knoblauch schälen und fein hacken. Chilischote halbieren, entkernen, waschen und fein hacken. Die Limette auspressen.

Alle Zutaten mit 80 ml heißem Wasser verrühren, bis sich der Zucker aufgelöst hat. Mit Pfeffer abschmecken und servieren.

Banh Xeo

VIETNAMESISCHE CRÊPES

35 MIN

ZUTATEN

- » 90 g Reismehl
- » Zucker
- » 1/4 TL Salz
- » 1/2 TL gemahlene Kurkuma
- » 125 ml Kokosmilch
- » 125 ml Mineralwasser
- » 2 EL gehackter Schnittlauch
- » 150 g Sojasprossen
- » 1 gelbe Paprika
- » 100 g Thai-Spargel
- » 1 Knoblauchzehe
- » 4 Frühlingszwiebeln
- » 2 EL Rapsöl
- » 2 EL Sojasauce

ZUBEREITUNG

Reismehl, 1 Prise Zucker, Salz, Kurkuma, Kokosmilch, Mineralwasser und Schnittlauch in einer Schüssel zu einem geschmeidigen Teig verrühren. Die Sojasprossen waschen und trocken schleudern. Die Paprika halbieren, putzen, waschen und in dünne Streifen schneiden. Den Spargel waschen, putzen und in mundgerechte Stücke schneiden. Den Knoblauch schälen und fein hacken. Die Frühlingszwiebeln waschen, putzen und in feine Ringe schneiden.

1 EL Öl im Wok erhitzen. Etwas Teig in den heißen Wok geben und durch leichtes Schwenken gleichmäßig verteilen. Den Crêpe in 3–4 Minuten ausbacken, jedoch nicht wenden. Anschließend vorsichtig auf einen Teller gleiten lassen. Aus dem Teig weitere Crêpes ausbacken.

Das restliche Öl (1 EL) in den Wok geben. Den Knoblauch darin 1 Minute kurz anbraten. Sojasprossen, Paprika und Spargel hinzugeben und weitere 2 Minuten anbraten. Mit Sojasauce ablöschen. Das Gemüse auf den Crêpes verteilen. Die Crêpes mit Frühlingszwiebeln bestreuen, zusammenklappen und servieren.

Tipp

Fischeinlage gefällig? Zusätzlich zum knackigen Gemüse einfach 150 g küchenfertige Garnelen mit anbraten. Und für etwas mehr Würze empfehle ich die Sweet-Chili-Sauce (siehe S. 26) dazu.

Bun Cha
FLEISCH-NUDEL-BOWL

45 MIN + 30 MIN [MARINIEREN]

ZUTATEN

- 10 g Bio-Ingwer
- 1 Knoblauchzehe
- 3 EL Fischsauce
- 1 TL Sojasauce
- 2 EL Zucker
- 1 EL Sesamöl
- 250 g Hähnchenbrustfilet
- 125 g Reisnudeln
- 100 g Sojasprossen
- ¼ Salatgurke
- 1 Möhre
- 2 Frühlingszwiebeln
- Rapsöl
- 6 Frühlingsrollen (siehe S. 72)
- Pfeffer
- Nuoc Mam Cham (siehe S. 72)

ZUBEREITUNG

Ingwer waschen und mit Schale fein reiben. Knoblauch schälen und fein hacken. Ingwer, Knoblauch, Fischsauce, Sojasauce, Zucker und Sesamöl vermischen, bis der Zucker sich auflöst. Das Fleisch in dünne Streifen schneiden, mit der Marinade in eine Auflaufform legen und im Kühlschrank 30 Minuten marinieren.

In der Zwischenzeit die Reisnudeln nach Packungsanleitung bissfest garen. Sojasprossen waschen und trocken schleudern. Gurke waschen und würfeln. Möhre schälen und in dünne Streifen (Julienne) schneiden. Frühlingszwiebeln waschen, putzen und in feine Ringe schneiden.

Ausreichend Öl in einem Wok erhitzen. Die Frühlingsrollen darin goldbraun frittieren und anschließend auf einem Küchenpapier abtropfen lassen.

Das Öl bis auf 2 EL aus dem Wok in eine feuerfeste Form zum Erkalten gießen. Die Hähnchenstreifen im Wok anbraten und danach herausnehmen.

Sojasprossen kurz anbraten. Reisnudeln auf zwei Schüsseln verteilen. Hähnchen, Sojasprossen, Gurke, Möhre, Frühlingszwiebeln und Frühlingsrollen darauf verteilen. Mit Pfeffer abschmecken und, mit Nuoc Mam Cham beträufelt, servieren.

Pho Bo

REISNUDELSUPPE

45 MIN

ZUTATEN

- » 200 g Rinderhüftsteak
- » 10 g Bio-Ingwer
- » 1 Knoblauchzehe
- » 1 kleine Schalotte
- » 1 EL Sesamöl
- » 1 Sternanis
- » 1 Zimtstange
- » 2 Kaffir-Limetten-blätter
- » 700 ml Rinderbrühe
- » 100 g Reisnudeln
- » 4 Frühlingszwiebeln
- » 4 Stängel Koriander-grün
- » 1 rote Chilischote
- » ½ Limette
- » 1 EL Sojasauce
- » 1 EL Fischsauce
- » 1 TL Zucker
- » schwarzer Pfeffer

ZUBEREITUNG

Das Rinderhüftsteak in das Gefrierfach legen. Den Ingwer waschen und mit Schale fein hacken. Knoblauch und Schalotte schälen und fein hacken. Das Sesamöl in einem Wok erhitzen. Ingwer, Knoblauch, Schalotte, Sternanis, Zimtstange und Limettenblätter darin glasig andünsten. Mit Rinderbrühe aufgießen und 25 Minuten bei niedriger Hitze köcheln lassen. Die Reisnudeln nach Packungsanleitung zubereiten.

Inzwischen die Frühlingszwiebeln waschen, putzen und in Ringe schneiden. Den Koriander waschen, trocken schütteln und grob hacken. Die Chili halbieren, entkernen, waschen und fein hacken.

Das Fleisch aus dem Gefrierfach nehmen und in dünne Scheiben schneiden. Die Limette auspressen. Die Brühe mit Sojasauce, Fischsauce, Zucker, Pfeffer und Limettensaft abschmecken. Die Reisnudeln auf zwei Schalen verteilen. Die Rindfleischscheiben darauf geben und mit heißer Brühe übergießen. Die Pho mit Frühlingszwiebeln, Koriander und Chili bestreut servieren.

Gedämpftes Gemüse MIT TAMARINDE

25 MIN

ZUTATEN

- 150 g Brokkoli (in Röschen)
- 150 g Pak Choi
- 150 g Champignons
- 2 Frühlingszwiebeln
- 1 Knoblauchzehe
- 2 TL Tamarindenpaste
- 1 ½ EL Zucker
- 1 EL Sojasauce
- 1 Limette
- 1 EL rote Wassermelonenkerne (siehe Tipp)

AUSSERDEM

- Bambusdämpfer

ZUBEREITUNG

Die Brokkoliröschen waschen. Den Pak Choi waschen, putzen und halbieren. Die Champignons putzen und halbieren. Die Frühlingszwiebeln waschen, putzen und in feine Ringe schneiden. Den Knoblauch schälen und fein hacken.

Knoblauch, Tamarindenpaste, Zucker, Sojasauce und 80 ml Wasser in einen Wok geben und aufkochen lassen. Bei reduzierter Hitze leicht dicklich einkochen lassen. Anschließend zur Seite stellen, den Wok reinigen und Salzwasser für den Bambusdämpfer einfüllen.

Brokkoli, Pak Choi und Champignons auf die Garkörbchen verteilen und in den Wok setzen. Dabei das Gemüse mit der längeren Garzeit (Brokkoli) in den unteren Korb füllen. Das Gemüse im Bambusdämpfer 5–8 Minuten garen. Die Limette vierteln. Das Gemüse mit Tamarindensauce, Limettenvierteln und Wassermelonenkernen servieren.

Tipp

Wassermelonenkerne finden Sie im Asien-Laden. Alternativ schmecken aber auch Kürbiskerne sehr gut dazu.

Lotus-Papaya-Salat MIT GARNELEN

35 MIN + 2 STD [AUFTAUEN]

ZUTATEN

- 100 g TK-Lotuswurzeln (Asien-Laden)
- 200 g grüne Papaya
- 1 Knoblauchzehe
- ½–1 Chilischote
- 2 Tomaten
- ½ Zitrone
- 2 TL Zucker
- 1 EL Fischsauce
- 1–2 TL Sojasauce
- 2 EL Erdnusskerne
- 10 Garnelen (küchenfertig, mit Schale)
- 2 EL Erdnussöl
- Pfeffer

ZUBEREITUNG

Die TK-Lotuswurzeln bei Zimmertemperatur auftauen lassen und mit Küchenpapier trocken tupfen. Die Papaya schälen, halbieren, entkernen und mit einem Julienneschneider in feine Streifen schneiden. Den Knoblauch schälen und fein hacken. Die Chilischote längs halbieren, entkernen, waschen und ebenfalls fein hacken. Die Tomaten waschen, halbieren, den Stielansatz entfernen und das Fruchtfleisch klein würfeln. Den Saft der Zitrone auspressen.

Knoblauch mit Chili, Zitronensaft, Zucker, Fischsauce, Sojasauce und 50 ml lauwarmes Wasser vermischen. Die Erdnüsse grob hacken. Die Garnelen unter kaltem Wasser abspülen und trocken tupfen.

1 EL Öl in einem Wok erhitzen. Die Lotuswurzeln darin 2–3 Minuten anbraten, dann aus dem Wok nehmen. Restliches Öl (1 EL) in den Wok geben und die Garnelen bei starker Hitze 4–5 Minuten rundherum anbraten.

Lotuswurzeln, Papaya und Tomaten in einer Schüssel miteinander vermengen. Mit dem Dressing beträufeln und mit Pfeffer abschmecken. Den Salat mit Garnelen und gehackten Erdnüssen bestreuen und servieren.

Thailand

Pad Thai

MIT GARNELEN

30 MIN

ZUTATEN

- » 30 g Tamarindenpaste
- » 1 EL Rohrzucker
- » 1–2 EL Fischsauce
- » 100 g Reisnudeln (5 mm breit)
- » 2 Knoblauchzehen
- » 1 Zwiebel
- » 1 rote Chilischote
- » 2 Frühlingszwiebeln
- » 150 g Pak Choi
- » 125 g Sojasprossen
- » 20 g eingelegter Rettich (nach Belieben)
- » 1 EL Rapsöl
- » 200 g Garnelen (küchenfertig)
- » 2 Eier (Größe M)
- » Pfeffer
- » 2 EL gehackte Erdnusskerne

ZUBEREITUNG

Tamarindenpaste, Zucker, Fischsauce und 50 ml heißes Wasser miteinander verrühren. Die Sauce abschmecken – ist sie zu süß, mehr Tamarindenpaste und Fischsauce zufügen, ist sie zu sauer, mehr Zucker zugeben. 1 l Wasser in einem Wasserkocher erhitzen. Reisnudeln damit übergießen, 10 Minuten einweichen lassen, bis sie biegsam, aber nicht zu weich sind, dann abtropfen lassen.

In der Zwischenzeit Knoblauch und Zwiebel schälen, Chilischote halbieren, entkernen, waschen und alles sehr fein hacken. Frühlingszwiebeln waschen, putzen und in feine Ringe schneiden. Pak Choi waschen, putzen und in Streifen schneiden. Sojasprossen waschen und abtropfen lassen. Rettich fein hacken.

Das Öl in einem Wok erhitzen. Knoblauch, Zwiebel und Chili darin 1 Minute anbraten. Garnelen, Rettich und Pak Choi hinzugeben und 1 Minute scharf braten. Sojasprossen, Reisnudeln und die Hälfte der Pad-Thai-Sauce hinzufügen und weiter braten. Eier verquirlen. Pad Thai auf eine Hälfte des Woks schieben und das Ei für 1 Minute auf der anderen Hälfte rührbraten. Alles vermengen und restliche Sauce unterrühren. Mit Pfeffer abschmecken und mit Erdnüssen servieren.

Rote Thai-Curry-Paste

25 MIN

ZUTATEN

- 10 getrocknete, große rote Chilischoten
- 5 Knoblauchzehen
- 5 Thai-Schalotten
- 10 cm Zitronengras
- 20 g Galgantwurzel
- 1 TL Koriandersamen
- ½ TL gemahlener Kreuzkümmel
- 1 TL Salz
- 2 Kaffir-Limettenblätter
- ½ TL Garnelenpaste
- 1 EL festes Kokosöl

AUSSERDEM

- 1 Glas (à 150 ml)

GRUNDREZEPT

ZUBEREITUNG

Die Chilischoten halbieren, entkernen, grob hacken und 10 Minuten in heißem Wasser einweichen. Knoblauch und Thai-Schalotten schälen und grob hacken. Das Zitronengras waschen, von der harten Außenschale befreien und grob hacken. Den Galgant schälen und grob hacken. Die Koriandersamen im Wok anrösten, bis sie duften. Die Chili ausdrücken, zusammen mit den restlichen Zutaten in einen Mixer geben und zu einer feinen Paste pürieren. Die Curry-Paste in ein Glas füllen und im Kühlschrank zur weiteren Verwendung aufbewahren.

Thai-Kokos-Reis

20 MIN

ZUTATEN

- 125 g Jasminreis
- ½ TL Kokosöl
- ½ TL Salz
- 150 ml Kokosmilch

ZUBEREITUNG

Den Jasminreis zweimal waschen, bis das Wasser klar ist, dann abtropfen lassen. Das Kokosöl in einem Wok erhitzen. Reis und Salz dazugeben. Mit 150 ml Wasser und der Kokosmilch aufgießen und 2 Minuten köcheln lassen. Anschließend den Herd ausschalten und den Kokos-Reis zugedeckt 20 Minuten ausquellen lassen.

Tipp

Vegetarier und Veganer können die Curry-Paste auch ohne Garnelenpaste zubereiten. Und wer keine Galgantwurzel im Asien-Laden bekommt, nimmt Ingwer.

Yam Nuea
RINDFLEISCHSALAT

25 MIN + 30 MIN [MARINIEREN]

ZUTATEN

- » 1 Knoblauchzehe
- » 5 cm Zitronengras
- » 1 rote Chilischote
- » 2 EL Sojasauce
- » 300 g Rindersteak
- » 1 Tomate
- » 125 g Salatgurke
- » 6 Salatblätter
- » ¼ Bund Koriandergrün
- » 1 Limette
- » 1 EL Rapsöl
- » 1 EL Fischsauce
- » 1 EL Rohrzucker

ZUBEREITUNG

Den Knoblauch schälen und fein hacken. Das Zitronengras waschen, von der harten Außenschale befreien und fein hacken. Die Chilischote halbieren, entkernen, waschen und fein hacken. Alles mit Sojasauce vermengen. Das Steak in dünne Scheiben schneiden, mit der Würzsauce einreiben und abgedeckt im Kühlschrank 30 Minuten marinieren.

In der Zwischenzeit Tomate und Gurke waschen, putzen und klein würfeln. Den Salat waschen, trocken schleudern und in einer Schale anrichten. Koriander waschen, trocken schütteln und fein hacken. Saft der Limette auspressen.

Das Öl in einem Wok erhitzen, Steakstreifen hineingeben und bei hoher Hitze 3–5 Minuten scharf anbraten. Herausnehmen und auf dem Salat anrichten. Den Fleischsud aus dem Wok mit Limettensaft, Fischsauce und Rohrzucker vermengen. Tomate, Gurke und Koriander auf dem Rindfleischsalat anrichten. Mit Dressing beträufeln und sofort genießen.

Tempeh
SWEET & SOUR

45 MIN

ZUTATEN

- 1 Knoblauchzehe
- 10 g Bio-Ingwer
- 1 Frühlingszwiebel
- Rapsöl
- 35 g Rohrzucker
- 50 g Ketchup
- 100 ml Ananassaft
- 50 ml Apfelessig
- 1 EL Sojasauce
- 200 g Tempeh
- 1 TL Sesam

ZUBEREITUNG

Knoblauch schälen, Ingwer waschen und beides fein hacken Die Frühlingszwiebel waschen, putzen und in feine Ringe schneiden.

1 TL Öl in einem Wok erhitzen. Knoblauch und Ingwer darin glasig dünsten. Dann Rohrzucker, Ketchup, Ananassaft, Apfelessig und Sojasauce hinzugeben. Bei mittlerer Hitze 12–15 Minuten dicklich einkochen lassen.

Die Sauce aus dem Wok in eine Schüssel füllen, den Wok reinigen und anschließend Öl zum Frittieren hineinfüllen.

Tempeh in daumendicke Stücke schneiden und im heißen Öl bei mittlerer Hitze 3–5 Minuten goldbraun frittieren. Herausnehmen und auf einem Küchenpapier abtropfen lassen. Den Tempeh mit der Sauce ummanteln und, mit Frühlingszwiebeln und Sesam bestreut, servieren.

Tipp

Mit einer Portion Jasminreis wird aus einem leckeren Snack eine wunderbare Hauptmahlzeit.

Hot & Spicy
THAI-GEMÜSE-CURRY

30 MIN

ZUTATEN

- 1 kleine Möhre
- 200 g Thai-Spargel
- 125 g Champignons
- 125 g Brokkoli
- 2 EL Rapsöl
- 2 EL Rote Thai-Curry-Paste (siehe S. 88)
- 400 ml Kokosmilch
- 100 ml Gemüsebrühe
- 1 TL Palmzucker
- Salz

ZUBEREITUNG

Die Möhre schälen und in dünne Scheiben schneiden. Den Thai-Spargel waschen, putzen und in kleine Stücke schneiden. Die Pilze putzen und vierteln. Den Brokkoli in kleine Röschen teilen, putzen und waschen.

Das Öl im Wok erhitzen. Die Curry-Paste darin 1 Minute anrösten.

Dann Möhre, Spargel und Brokkoliröschen hinzugeben und mit braten. Das Gemüse mit Kokosmilch und Brühe ablöschen. Den Palmzucker hinzugeben und alles bei mittlerer Hitze 5–8 Minuten köcheln lassen. 2 Minuten vor Garzeitende die Champignons hinzugeben und das Curry mit Salz abschmecken.

Tipp

Dazu passt Basmatireis hervorragend. Das Curry kann zusätzlich auch mit 200 g Hähnchenbrustfilet, Garnelen oder Tofu zubereitet werden.

THAILAND

Tom Kha Gai
MIT VEGGIE-VARIANTE

45 MIN

ZUTATEN

- 150 g Pak Choi
- 1 Knoblauchzehe
- ½–1 rote Chilischote
- 15 cm Zitronengras
- 10 g Bio-Ingwer
- 200 g Hähnchenbrustfilet
- 1 EL Rapsöl
- 200 ml Kokosmilch
- 300 ml Hühnerbrühe
- 2 Kaffir-Limettenblätter
- 3 EL Sojasauce
- 1–2 EL Limettensaft
- Pfeffer

VEGGIE-VARIANTE

- 50 g Reisnudeln
- 200 g Gemüse (z. B. Zuckerschoten, Champignons, Mini-Maiskolben (frisch oder aus dem Glas)
- 300 ml Gemüsebrühe

ZUBEREITUNG

Pak Choi waschen, putzen und in feine Streifen schneiden. Knoblauch schälen und fein hacken. Chili halbieren, entkernen, waschen und fein hacken. Zitronengras waschen, von der harten Außenschale befreien und fein hacken. Ingwer waschen und mit Schale fein hacken. Hähnchenbrustfilet in 2 cm große Würfel schneiden. Das Öl in einem Wok erhitzen. Knoblauch, Chili, Zitronengras, Ingwer und Hähnchenfleisch 2–3 Minuten darin anbraten. Pak Choi hinzugeben und 1 weitere Minute mit braten. Mit Kokosmilch und Brühe ablöschen. Limettenblätter hinzugeben und 5–8 Minuten bei mittlerer Hitze köcheln lassen. Mit Sojasauce, Limettensaft und Pfeffer würzen.

VEGGIE-VARIANTE (TOM KHA PAK)

Pak Choi, Hähnchenbrustfilet und Hühnerbrühe weglassen. Die Reisnudeln nach Packungsanleitung zubereiten. Das Gemüse waschen und putzen. Zuckerschoten halbieren, Pilze vierteln und Maiskolben in Scheiben schneiden. Das Gemüse wie oben beschrieben im Öl mit Knoblauch, Chili, Zitronengras und Ingwer 2–3 Minuten anbraten. Mit Kokosmilch und Gemüsebrühe aufgießen und wie oben beschrieben weiter im Rezept fortfahren.

Gai Pad Khing

INGWER-HÜHNCHEN

35 MIN

ZUTATEN

- » 2 Knoblauchzehen
- » 25 g Bio-Ingwer
- » 1 rote Chilischote
- » 100 g Shiitake
- » 1 Möhre
- » 100 g Pak Choi
- » ¼ rote Paprika
- » 3 Frühlingszwiebeln
- » 150 g Romanesco (in Röschen, alternativ Brokkoli)
- » 1 EL Rapsöl
- » 200 g Hähnchenbrustfilet
- » 2 EL Ananassaft
- » 1 EL Sojasauce
- » 1 EL Austernsauce
- » 1 EL Sesamöl | Pfeffer

ZUBEREITUNG

Knoblauch schälen und in Scheiben schneiden. Ingwer waschen und mit Schale in dünne Scheiben schneiden. Chilischote halbieren, entkernen, waschen und fein hacken. Shiitake putzen und in feine Scheiben schneiden. Möhre schälen und in dünne Scheiben schneiden. Pak Choi waschen, trocken schleudern und fein hacken. Paprika halbieren, putzen, waschen und in Streifen schneiden. Frühlingszwiebeln waschen, putzen und in feine Ringe schneiden. Romanesco waschen und abtropfen lassen.

Rapsöl in einem Wok erhitzen. Das Hähnchenbrustfilet in dünne Scheiben schneiden. Hähnchen, Knoblauch und Ingwer darin scharf anbraten. Ananassaft, Sojasauce, Austernsauce und Sesamöl miteinander vermengen. Chili, Shiitake, Möhre, Pak Choi, Paprika und Romanesco zum Fleisch geben. Mit der Ananas-Marinade ablöschen und das Gemüse bei kleiner Flamme und ständigem Rühren bissfest garen. Anschließend mit Pfeffer abschmecken und, mit Frühlingszwiebeln bestreut, servieren.

Khao Tom

THAI-REISSUPPE

30 MIN

ZUTATEN

- 4 Knoblauchzehen
- 1 EL Rapsöl
- 10 g Bio-Ingwer
- 250 g Schweinehackfleisch
- 1 EL Sojasauce
- Pfeffer
- 500 ml Fleischbrühe
- 2 Frühlingszwiebeln
- 25 g Chinesischer Sellerie (Khuen Chai; alternativ Staudensellerie)
- ¼ rote Paprika
- ½–1 rote Chilischote
- 125 g Jasminreis (vorgekocht; alternativ Fertigprodukt)
- 2 TL Fischsauce
- 1 TL Zucker

ZUBEREITUNG

Den Knoblauch schälen und in feine Scheiben schneiden. Das Öl im Wok erhitzen, den Knoblauch darin knusprig anbraten und auf Küchenpapier abtropfen lassen. Den Ingwer waschen und mit Schale fein hacken. Hackfleisch, Sojasauce und Ingwer in einer Schüssel miteinander vermengen und die Mischung mit Pfeffer abschmecken. Aus der Masse 10 walnussgroße Bällchen formen.

Die Fleischbrühe im Wok erhitzen und die Fleischbällchen für etwa 5 Minuten darin bei niedriger Hitze gar ziehen lassen.

Die Frühlingszwiebeln und Sellerie waschen, putzen und in dünne Ringe schneiden. Die Paprika halbieren, putzen, waschen und in dünne Streifen schneiden. Chilischote halbieren, entkernen, waschen und fein hacken.

Jasminreis, Frühlingszwiebeln, Sellerie und Paprika in den Wok zur Fleischbrühe geben und 1 Minute gar ziehen lassen. Die Reissuppe mit Fischsauce und Zucker abschmecken, auf zwei Teller verteilen und, mit gehacktem Chili und Knoblauch garniert, servieren.

Korea

Bibimbap MIT GOCHUJANG-DIP

40 MIN

ZUTATEN

- 150 g Jasminreis
- 1 Knoblauchzehe
- 1 EL Sojasauce
- 2 EL Sesamöl
- 1 TL + 1 EL Rohrzucker
- 100 g Rinderhackfleisch
- 1 EL Gochujang-Paste (Asien-Laden)
- 1 EL Sesam
- 1 TL Reisessig
- 125 g Blattspinat
- 150 g Sojasprossen
- 1 Möhre (ca. 100 g)
- 1 EL Rapsöl
- 2 Eier (Größe M)

ZUBEREITUNG

Jasminreis in 300 ml Salzwasser zum Kochen bringen und 2 Minuten offen kochen lassen. Anschließend den Herd ausschalten und den Reis abgedeckt 20 Minuten quellen lassen.

In der Zwischenzeit Knoblauch schälen und fein hacken. Sojasauce, 1 EL Sesamöl, 1 TL Rohrzucker und Knoblauch verrühren. Hackfleisch in eine Schüssel geben und mit der Mischung vermengen. Die Gochujang-Paste mit 1 EL Rohrzucker, 1 EL Sesamöl, Sesam und Essig zu einem Dip verrühren. Blattspinat und Sojasprossen gründlich waschen und abtropfen lassen. Die Möhre schälen und in feine Streifen schneiden.

Den Wok erhitzen. Hackfleisch darin 3 Minuten scharf anbraten. Herausnehmen und das Rapsöl im Wok erhitzen. Nacheinander Blattspinat, Sprossen und Möhren für 1–2 Minuten anbraten und herausnehmen. Anschließend die Eier im Wok zu Spiegeleiern braten.

Jasminreis, Hackfleisch, Spinat, Möhren und Sprossen in zwei Schüsseln anrichten. Mit je einem Spiegelei belegt und mit Gochujang-Dip beträufelt servieren.

Pak-Choi-Salat

10 MIN + 30 MIN [MARINIEREN]

ZUTATEN

- 300 g Pak Choi
- 2 Knoblauchzehen
- 1 EL Fischsauce
- 1 EL Sesamöl
- 1 EL Gochujang-Paste (Asien-Laden)
- 2 TL Rohrzucker
- 1 EL Reisessig
- 1 EL Sojasauce
- 1 EL schwarzer Sesam

ZUBEREITUNG

Pak Choi waschen, putzen und in mundgerechte Stücke schneiden. Knoblauch schälen und fein hacken. Knoblauch, Fischsauce, Sesamöl, Gochujang-Paste, Rohrzucker, Essig und Sojasauce zu einem Dressing verrühren. Pak Choi mit dem Dressing in einer Schüssel vermengen und 30 Minuten im Kühlschrank kalt stellen, bis das Dressing gut durchgezogen ist. Mit Sesam bestreut servieren.

Schnelles Kimchi

30 MIN + 1 STD [RUHEN]

ZUTATEN

- 1 kg Chinakohl
- 2 Knoblauchzehen
- 4 Frühlingszwiebeln
- 20 g feines Meersalz
- 2 EL Gochujang-Paste (Asien-Laden)
- 2 TL asiatische Pflaumensauce (alternativ 2 TL Rohrzucker)

GRUNDREZEPT

ZUBEREITUNG

Chinakohl waschen, putzen und in mundgerechte Stücke schneiden. Knoblauch schälen und fein hacken. Frühlingszwiebeln waschen, putzen und in feine Ringe schneiden. Chinakohl und Meersalz in eine große Schüssel geben. Das Salz mit den Händen kräftig einmassieren, bis Wasser aus dem Kohl tritt. Chinakohl bei Zimmertemperatur zugedeckt 1 Stunde ziehen lassen. Anschließend unter fließendem Wasser gut abspülen. Knoblauch, Frühlingszwiebeln, Gochujang-Paste und Pflaumensauce vermischen. Chinakohl mit der Gewürzpaste gut vermengen und in ein sauberes Einmachglas (siehe Tipp) füllen.

Tipp

Das Kimchi passt in 1 Glas (à 750 ml) und hält sich im Kühlschrank bis zu 2 Wochen.

Tipp

Koreanischer Pak-Choi-Salat wird traditionell als Beilage zu Fleisch oder vegetarischen Gerichten serviert. Vegetarier und Veganer können die Fischsauce durch Sojasauce ersetzen.

Gebratene Zucchini

15 MIN

ZUTATEN

- 225 g Zucchini
- 2 Knoblauchzehen
- 1 Schalotte
- ½–1 rote Chilischote
- 1 EL Rapsöl
- 1 TL Saeujeot (Fischsauce, alternativ Meersalz)
- 1 TL Sesamöl
- 1 TL Sesam

ZUBEREITUNG

Zucchini waschen, putzen, längs vierteln und in dünne Stücke schneiden. Knoblauch und Schalotte schälen und in dünne Scheiben schneiden. Chilischote längs halbieren, entkernen, waschen und fein hacken.

Rapsöl im Wok erhitzen. Zucchini, Knoblauch, Schalotte, Chili und Saeujeot hinzugeben. 3–5 Minuten unter ständigem Rühren scharf anbraten. Kurz vor dem Anrichten Sesamöl hinzugeben und mit Sesam bestreut servieren.

Sigeumchi Namul

15 MIN

ZUTATEN

- 1 TL Sesam
- 2 Knoblauchzehe
- 1 rote Chilischote
- 1 Frühlingszwiebel
- 2 TL Sesamöl
- 2 EL Sojasauce
- 200 g Blattspinat
- 150 g Sojasprossen
- Salz

ZUBEREITUNG

Sesam im Wok kurz anrösten. Knoblauch schälen und fein hacken. Chilischote halbieren, entkernen, waschen und fein hacken. Frühlingszwiebel waschen, putzen und in feine Ringe schneiden. Knoblauch, Chili, Sesamöl und Sojasauce miteinander vermengen. Blattspinat und Sojasprossen gründlich waschen und abtropfen lassen. Salzwasser in einem Wok erhitzen. Blattspinat darin 30 Sekunden blanchieren. Anschließend in Eiswasser abschrecken, abtropfen lassen und das Wasser ausdrücken. Dann die Sprossen für 1 Minute im Salzwasser blanchieren, abtropfen und zur Seite stellen. Spinat und Sprossen jeweils mit der Marinade vermischen. Getrennt auf Tellern, mit geröstetem Sesam bestreut, servieren.

Tipp

Namul ist eine typische koreanische Beilage. Am besten schmeckt Namul zu Reis, Fisch oder auch Fleischgerichten.

KOREA

Japchae

GLASNUDELSALAT

50 MIN

ZUTATEN

- » 50 g Möhren
- » 80 g Pak Choi
- » ¼ rote Paprika
- » 1 Knoblauchzehe
- » 60 g Shiitake
- » 2 TL Sesamöl
- » 3 EL koreanische Sojasauce
- » 1 TL Reisessig
- » 100 g Hähnchenbrustfilet
- » 100 g Dangmyeon (Süßkartoffelnudeln; Asien-Laden)
- » 2 EL Rapsöl
- » 1 Ei (Größe L)
- » 1 TL Honig | Pfeffer

ZUBEREITUNG

Möhren schälen und in feine Julienne schneiden. Pak Choi waschen, putzen und in dünne Streifen schneiden. Paprika halbieren, putzen, waschen und in sehr dünne Streifen schneiden. Knoblauch schälen und fein hacken. Shiitake putzen und in dünne Scheiben schneiden. Knoblauch, 1 TL Sesamöl, 2 EL koreanische Sojasauce und Reisessig miteinander vermengen. Hähnchenbrustfilet in dünne Scheiben schneiden, mit der Marinade vermengen und für 30 Minuten im Kühlschrank marinieren. In der Zwischenzeit die Nudeln nach Packungsanleitung kochen, dann kalt abschrecken, abtropfen lassen und in eine große Schüssel geben. Das Rapsöl in einem Wok erhitzen. Hähnchenbrustfilet aus der Marinade nehmen und im Wok scharf anbraten. Herausnehmen und zu den Süßkartoffelnudeln geben. Nacheinander Möhren, Pak Choi, Paprika und Shiitake im Wok bissfest anbraten und herausnehmen. Zum Schluss das Ei trennen. Eigelb und Eiweiß einzeln verquirlen und nacheinander im Wok stocken lassen. In dünne Streifen schneiden und mit dem Gemüse zu den Nudeln geben. 1 TL Sesamöl mit 1 EL koreanischer Sojasauce und Honig vermischen, über den Salat geben und gut vermengen. Japchae mit Pfeffer abschmecken.

Bulgogi
FEUERFLEISCH

20 MIN + 1 STD [MARINIEREN]

ZUTATEN

- 1 Knoblauchzehe
- 10 g Bio-Ingwer
- 3 EL Sojasauce
- 1 EL Reisessig
- 1 EL Rohrzucker
- 1 EL Sesamöl
- 1 TL Gochujang-Paste (Asien-Laden)
- 300 g Rinderhüftsteak
- 100 g Brokkoli (in Röschen)
- 1 EL Rapsöl | Pfeffer
- 1 TL schwarzer Sesam

ZUBEREITUNG

Knoblauch schälen und fein hacken. Den Ingwer waschen und mit Schale fein reiben. Knoblauch, Ingwer, Sojasauce, Reisessig, Rohrzucker, Sesamöl und Gochujang-Paste miteinander vermischen, bis sich der Zucker aufgelöst hat.

Das Fleisch in dünne Streifen schneiden. Die Marinade in eine Schüssel geben, das Fleisch hineingeben und 1 Stunde im Kühlschrank marinieren lassen. Den Brokkoli waschen und putzen.

Das Rapsöl in einem Wok stark erhitzen. Die Rindfleischstreifen aus der Marinade nehmen und im heißen Wok von beiden Seiten 2–3 Minuten scharf anbraten. Brokkoli und Marinade hinzugeben und weitere 2 Minuten mit braten. Bulgogi mit Pfeffer abschmecken und, mit Sesam bestreut, servieren.

Tipp

Dazu unbedingt Reis und optional eine Portion Kimchi (siehe S. 106) servieren.

Kimchi Mandu
TEIGTASCHEN

1 STD + 1 STD 15 MIN [RUHEN]

ZUTATEN

- 200 g Weizenmehl (Type 405)
- Salz
- 125 g Kimchi (siehe S. 106)
- 2 Frühlingszwiebeln
- 10 g Bio-Ingwer
- 50 g Tofu
- 100 g Hackfleisch (Rind oder Schwein)
- 1 Handvoll Brunnenkresse
- 2 TL schwarzer Sesam
- koreanische Sojasauce zum Dippen

ZUBEREITUNG

Mehl und ¼ TL Salz in einer Schüssel miteinander vermengen. 100 ml lauwarmes Wasser hinzugeben und zu einem geschmeidigen Teig verkneten. Den Teig 15 Minuten ruhen lassen, anschließend nochmals durchkneten und zugedeckt 1 Stunde ruhen lassen.

In der Zwischenzeit das Kimchi fein hacken. Die Frühlingszwiebeln waschen, putzen und in feine Ringe schneiden. Den Ingwer waschen und mit Schale fein reiben. Den Tofu mit den Händen fein zerkrümeln. Kimchi, Frühlingszwiebeln, Ingwer, Tofu und Hackfleisch in einer Schüssel gut miteinander vermengen. Den Teig auf einer leicht bemehlten Arbeitsfläche zu einer etwa 20 cm langen Rolle formen. Von der Rolle 16–18 gleich große Stücke abtrennen, diese zu Kugeln formen und anschließend zu Kreisen (ø 9 cm) ausrollen. Jeden Teigkreis mit etwas Füllung belegen. Die Teigränder mit Wasser bestreichen, den Teig über der Füllung zu einem Halbkreis zusammenklappen und die Ränder fest zusammendrücken. Anschließend die Enden zusammenklappen.

Salzwasser in einem Wok zum Kochen bringen. Die Temperatur reduzieren, bis das Wasser nur noch leicht siedet. Die Teigtaschen vorsichtig in das heiße Wasser gleiten lassen. So lange sieden, bis sie an die Wasseroberfläche steigen. Auf zwei Teller verteilen, mit Brunnenkresse und Sesam bestreuen und mit koreanischer Sojasauce genießen.

Korean FRIED CHICKEN

60 MIN

ZUTATEN

- » 1 Knoblauchzehe
- » 10 g Bio-Ingwer
- » 1 Frühlingszwiebel
- » 1 EL Sesamöl
- » 50 g Ketchup
- » 1 EL Gochujang-Paste (Asien-Laden)
- » 35 g Honig
- » 25 g Rohrzucker
- » 1 l Erdnussöl
- » 500 g Hähnchenflügel
- » Salz | Pfeffer
- » 30 g Weizenmehl (Type 405)
- » 10 g Speisestärke
- » 1 TL Backpulver
- » 1 TL Sesam
- » 1 Limette

ZUBEREITUNG

Knoblauch schälen, Ingwer waschen und beides fein hacken. Die Frühlingszwiebel waschen, putzen und in feine Ringe schneiden. Das Sesamöl in einem kleinen Topf erhitzen. Den Ingwer darin glasig andünsten. Ketchup, Gochujang-Paste, Honig und Rohrzucker hinzugeben und 2–3 Minuten bei kleiner Hitze köcheln lassen.

Das Erdnussöl im Wok auf etwa 150 °C erhitzen. Die Hähnchenflügel salzen und pfeffern. Mehl, Stärke und Backpulver mischen. Das Geflügel darin panieren und im heißen Öl 10–12 Minuten frittieren. Auf Küchenpapier abtropfen lassen.

Temperatur auf 180 °C erhöhen und die Hähnchenflügel für weitere 7–8 Minuten goldbraun und knusprig frittieren. Anschließend mit Sauce bestreichen und mit Sesam und Frühlingszwiebeln bestreuen. Die Limette vierteln und zum Fried Chicken servieren.

Ramyun
NUDELSUPPE

45 MIN

ZUTATEN

- 6 getrocknete Shiitake
- 75 g Zuckerschoten
- 90 g Ramen-Nudeln
- 1 Knoblauchzehe
- 10 g Bio-Ingwer
- 4 Frühlingszwiebeln
- 1 EL Sesamöl
- 1 Sternanis
- 800 ml Gemüsebrühe
- 1–2 TL Gochujang-Paste (Asien-Laden)
- 1 Ei (Größe M)
- 1–2 EL Sojasauce
- Zucker
- 1 TL schwarzer Sesam

ZUBEREITUNG

Die getrockneten Shiitake 20 Minuten in lauwarmem Wasser einweichen. Anschließend überflüssiges Wasser ausdrücken und die Pilze in Scheiben schneiden. Die Zuckerschoten putzen und waschen. Die Ramen-Nudeln nach Packungsanleitung zubereiten.

Den Knoblauch schälen und in dünne Scheiben schneiden. Den Ingwer waschen und mit Schale fein hacken. Die Frühlingszwiebeln waschen, putzen und in feine Ringe schneiden. Das Sesamöl in einem Wok erhitzen. Knoblauch, Ingwer und Sternanis in den Wok geben und im heißen Öl andünsten.

Mit Gemüsebrühe aufgießen. Gochujang-Paste und Shiitakescheiben hinzugeben und bei kleiner Hitze 25 Minuten köcheln lassen.

In der Zwischenzeit das Ei in 7 Minuten wachsweich kochen, anschließend abschrecken und schälen. 2–3 Minuten vor Garzeitende der Brühe die Zuckerschoten hinzugeben. Die Suppe mit Sojasauce und 1 Prise Zucker abschmecken. Die Ramen-Nudeln auf zwei Schüsseln verteilen. Das Ei halbieren und auf den Nudeln platzieren. Mit der Brühe auffüllen und, mit Frühlingszwiebeln und Sesam bestreut, servieren.

Wok-Crossover

Asiatische MAULTASCHENPFANNE

25 MIN

ZUTATEN

- 100 g Shiitake (alternativ Champignons)
- 4 Maultaschen
- 4 Frühlingszwiebeln
- 100 g Zuckerschoten
- 2 EL Rapsöl
- 2 TL Sojasauce
- 1 EL Hoisin-Paste
- 2 EL gehackter Schnittlauch

ZUBEREITUNG

Die Shiitake putzen und in dünne Scheiben schneiden. Die Maultaschen mit einem scharfen Messer dritteln.

Dann die Frühlingszwiebeln waschen, putzen und in feine Ringe schneiden. Die Zuckerschoten waschen, putzen und halbieren.

Öl in einem Wok erhitzen. Pilze, Maultaschen und Frühlingszwiebeln hinzugeben und 3–5 Minuten anbraten. In einer Schüssel Sojasauce, Hoisin-Paste und 125 ml Wasser miteinander vermischen. Sauce und Zuckerschoten in den Wok geben und 2 Minuten bei mittlerer Hitze köcheln lassen. Maultaschenpfanne mit Schnittlauch bestreut servieren.

Kimchi-Jeon-BAGEL

35 MIN

ZUTATEN

- 100 g Weizenmehl (Type 405)
- 1 TL Backpulver
- 125 g Kimchi (siehe Grundrezept S. 106)
- 3 EL Kimchi-Flüssigkeit
- 1 Ei (Größe M)
- 50 ml Mineralwasser
- Salz
- Pfeffer
- Rapsöl
- 4 Bagels
- ¼ Salatgurke
- 4 Blätter Salat
- 2 Frühlingszwiebeln
- 4 EL Mayonnaise
- 1–2 TL Sriracha-Sauce

ZUBEREITUNG

Mehl und Backpulver in einer Schüssel vermischen. Kimchi zerkleinern. Kimchi, Kimchi-Flüssigkeit, Ei und Mineralwasser zur Mehlmischung geben und alles gut vermengen. Mit Salz und Pfeffer abschmecken.

Ausreichend Öl im Wok erhitzen. Aus dem Teig 4 gleich große Patties formen. Patties bei mittlerer Hitze 3–5 Minuten von jeder Seite goldbraun anbraten und auf Küchenpapier abtropfen lassen.

In der Zwischenzeit die Bagels aufschneiden. Gurke waschen, putzen und in Scheiben schneiden. Salatblätter waschen und trocken schleudern. Frühlingszwiebeln waschen, putzen und in feine Ringe schneiden. Mayonnaise und Sriracha vermischen und auf den Bagel-Hälften verstreichen.

Alle 4 Bagels mit Salat, Kimchi-Pattie, Gurkenscheiben und Frühlingszwiebeln belegen und genießen.

Tipp

Wenn es schnell gehen muss, einfach Kimchi (Fertigprodukt) aus dem Asien-Laden verwenden!

Wok AU VIN

1 STD

ZUTATEN

- 4 Hähnchenschenkel (ca. 650 g)
- Salz | Pfeffer
- 2 rote Zwiebeln
- 2 Knoblauchzehen
- 2 Möhren
- 1 Pastinake
- 2 EL Olivenöl
- 4 Stängel Thymian
- 300 ml Rotwein
- 250 ml Hühnerbrühe
- 2 Lorbeerblätter
- 1 TL eingelegter grüner Pfeffer
- 1/4 Bund Petersilie
- 1 TL Speisestärke

ZUBEREITUNG

Die Hähnchenschenkel mit Salz und Pfeffer würzen. Zwiebeln und Knoblauch schälen und vierteln. Möhren und Pastinake waschen, schälen und in Scheiben schneiden.

Das Öl im Wok erhitzen. Die Hähnchenschenkel darin rundherum anbraten. Zwiebeln, Knoblauch, Möhren, Pastinake und Thymianstängel hinzugeben und 2–3 Minuten anbraten. Mit Rotwein und Brühe ablöschen. Die Lorbeerblätter und den Pfeffer hinzugeben und alles abgedeckt bei mittlerer Hitze 30–40 Minuten schmoren lassen.

In der Zwischenzeit die Petersilie waschen, trocken schütteln und fein hacken. Die Speisestärke mit 3 TL kaltem Wasser anrühren und unter die Rotweinsauce rühren, bis sie leicht andickt. Das Wok au Vin nach Belieben mit Salz und Pfeffer abschmecken und, mit Petersilie bestreut, servieren.

Chili CON WOK

45 MIN

ZUTATEN

- 1 Zwiebel
- 2 Knoblauchzehen
- 1 rote Paprika
- 1 Jalapeño
- 150 g Tofu
- ¼ Bund Petersilie
- 2 EL Olivenöl
- 2 EL Tomatenmark
- 1 TL gemahlener Kreuzkümmel
- 1 TL edelsüßes Paprikapulver
- 2 TL Chilipulver
- 200 g Kidneybohnen (Dose)
- 100 g Mais (Dose)
- 200 g stückige Tomaten (Dose)
- 250 ml Gemüsebrühe
- 1 EL getrockneter Oregano
- Salz | Pfeffer
- 4 EL saure Sahne
- 1 Handvoll Nachos

ZUBEREITUNG

Zwiebel und Knoblauch schälen und fein würfeln. Paprika und Jalapeño halbieren, putzen, waschen und klein würfeln. Tofu mit den Fingern zerkrümeln. Petersilie waschen, trocken schütteln und hacken.

Das Öl in einem Wok erhitzen. Zwiebel mit Knoblauch, Jalapeño, Tomatenmark, Kreuzkümmel, Paprika- und Chilipulver darin anschwitzen. Tofu, Paprika, Kidneybohnen und Mais hinzugeben und mit andünsten. Mit stückigen Tomaten und Brühe ablöschen. Oregano hinzugeben und zugedeckt 20–25 Minuten bei niedriger Hitze köcheln lassen. Mit Salz und Pfeffer abschmecken und mit gehackter Petersilie, saurer Sahne und Nachos dekorieren.

Tipp

Dazu passt Reis ganz hervorragend.

Paella-Wok mit Garnelen

50 MIN

ZUTATEN

- 8 Riesengarnelen (küchenfertig, mit Schale)
- 200 g Kabeljaufilet
- 1 Zwiebel
- 2 Knoblauchzehen
- 1 gelbe Paprika
- 4 Stängel Petersilie
- 2 feste Tomaten
- 2 EL Olivenöl
- 125 g TK-Erbsen
- 200 g Paella-Reis
- 500 ml Fischfond
- 1 TL edelsüßes Paprikapulver
- ½ TL Safranfäden
- 1 Zitrone
- Salz | Pfeffer

ZUBEREITUNG

Die Garnelen und das Kabeljaufilet unter kaltem Wasser waschen und trocken tupfen. Den Fisch in 2 cm große Würfel schneiden. Zwiebel und Knoblauch schälen und fein hacken. Die Paprika halbieren, putzen, waschen und klein würfeln. Die Petersilie waschen, trocken schütteln und grob hacken. Die Tomaten, bis auf den Stielansatz, mit einer Gemüsereibe fein reiben.

Das Öl im Wok erhitzen. Zwiebel und Knoblauch darin glasig dünsten. Paprika und TK-Erbsen hinzugeben, mit garen und mit den geriebenen Tomaten ablöschen. Den Reis hinzugeben und 1 Minute dünsten, dann mit Fischfond aufgießen. Paprikapulver und Safranfäden unterrühren und alles 10 Minuten bei niedriger Hitze köcheln lassen. Die Zitrone vierteln. Nach Garzeitende die Garnelen und den Kabeljau auf dem Reis verteilen und alles zugedeckt 5–8 Minuten fertig garen, bis die gesamte Flüssigkeit aufgesogen ist. Abschließend mit Salz und Pfeffer abschmecken und, mit Zitronenvierteln und Petersilie bestreut, servieren.

Saltim-Wok-ka

15 MIN

ZUTATEN

- 4 dünne Kalbsschnitzel (à 80 g)
- Salz | Pfeffer
- 4 Scheiben Parmaschinken
- 8 Salbeiblätter
- 1 EL Olivenöl
- 1 EL Butter
- 1 Zitrone

AUSSERDEM

- 4 Zahnstocher

ZUBEREITUNG

Die Kalbsschnitzel trocken tupfen, leicht salzen und pfeffern. Jedes Schnitzel mit 1 Scheibe Parmaschinken und jeweils 2 Salbeiblättern belegen. Falls notwendig, mit einem Zahnstocher fixieren.

Olivenöl und Butter in einem Wok erhitzen. Die Schnitzel jeweils 2–3 Minuten von jeder Seite darin anbraten. Die Zitrone vierteln. Saltimbocca mit Zitronenvierteln servieren.

Wok-Antipasti

30 MIN

ZUTATEN

- 2 Knoblauchzehen
- je ½ rote und gelbe Paprika
- 150 g Zucchini
- 150 g Aubergine
- 2 Stängel Basilikum
- 200 g Mozzarella
- 4 EL Olivenöl
- Salz | Pfeffer
- 2 EL Balsamico Aceto
- Baguette (nach Belieben)

ZUBEREITUNG

Den Knoblauch schälen und fein hacken. Die Paprika putzen, waschen und in Streifen schneiden. Zucchini und Aubergine waschen, putzen, halbieren und in dünne Scheiben schneiden. Das Basilikum waschen, trocken schütteln und die Blätter abzupfen. Mozzarella grob zerzupfen.

Das Öl im Wok erhitzen. Knoblauch, Paprika, Zucchini und Aubergine darin 3–5 Minuten anbraten. Das Antipasti-Gemüse mit Salz, Pfeffer und Balsamico Aceto abschmecken. Mit Basilikumblättchen, Mozzarella und Baguette, nach Belieben, servieren.

Tipp
Dieses Gericht ist perfekt, wenn es besonders schnell gehen muss. Dazu unbedingt geröstetes Baguette oder einen kleinen Salat servieren und genießen.

Falafel

25 MIN + 30 MIN [RUHEN]

ZUTATEN

- 200 g Rote Linsen
- 1 Zwiebel
- 1 Knoblauchzehe
- ¼ Bund Petersilie
- 1 TL gemahlener Kreuzkümmel
- 75 g Weizenmehl (Type 405) | 2 EL Ajvar
- Salz | Pfeffer | Rapsöl

ZUBEREITUNG

Die Linsen mit 400 ml Wasser im Wok aufkochen lassen. Bei niedriger Hitze und geschlossenem Deckel 10 Minuten köcheln und anschließend im Topf auskühlen lassen. Zwiebel und Knoblauch schälen und fein hacken. Petersilie waschen, trocken schütteln und fein hacken. Die Linsen fein pürieren. Mit Zwiebeln, Knoblauch, gehackter Petersilie, Kreuzkümmel, Mehl und Ajvar vermengen. Mit Salz und Pfeffer abschmecken. Den Teig 30 Minuten ruhen lassen. Dann aus der Masse mit angefeuchteten Händen 20 walnussgroße Bällchen formen. Ausreichend Öl im Wok erhitzen. Falafel im heißen Fett bei mittlerer Hitze etwa 6 Minuten knusprig frittieren, dabei wenden. Den Backofen auf 200 °C (Ober-/Unterhitze) vorheizen. Ein Backblech mit Backpapier auslegen. Falafel auf Küchenpapier abtropfen lassen, dann im heißen Backofen 15–20 Minuten fertig garen.

Cevapcici

35 MIN

ZUTATEN

- 1 rote Zwiebel
- 1 Knoblauchzehe
- ½ Bund Petersilie
- 200 g griechischer Joghurt
- 2 TL Zitronensaft
- Salz | Pfeffer
- 250 g Rinderhack
- 1 Ei (Größe M)
- 2 EL Ajvar
- 65 g Semmelbrösel
- 1 TL edelsüßes Paprikapulver
- 1 TL getrockneter Majoran | Rapsöl

ZUBEREITUNG

Zwiebel und Knoblauch schälen und fein hacken. Petersilie waschen, trocken schütteln und fein hacken. Joghurt mit Zitronensaft und der Hälfte der Petersilie vermengen. Mit Salz und Pfeffer würzen und im Kühlschrank kalt stellen. Das Hackfleisch mit Ei, Ajvar, Semmelbrösel, Paprikapulver, Majoran und restlicher Petersilie vermengen. Mit Salz und Pfeffer würzen und zu 10 länglichen Cevapcici formen. Ausreichend Öl im Wok erhitzen. Cevapcici bei mittlerer Hitze unter Wenden etwa 10 Minuten anbraten. Mit dem Joghurt-Dip servieren und genießen.

Tipp

Der Joghurt-Dip passt auch sehr gut zu Falafel.

One-Wok-Döner MIT JOGHURTSAUCE

25 MIN

ZUTATEN

- 8 Stängel Koriandergrün
- 1 Knoblauchzehe
- 100 g Joghurt
- Salz | Pfeffer
- ½ gelbe Paprika
- 1 Tomate
- 125 g Zucchini
- 1 rote Zwiebel
- 250 g Rindersteak
- 2 EL Rapsöl
- 2 EL Sojasauce
- 2 EL Limettensaft
- ½ TL Chiliflocken
- 2 kleine Fladenbrote

ZUBEREITUNG

Koriander waschen, trocken schütteln und fein hacken. Knoblauchzehe schälen und fein hacken. Joghurt in einer Schüssel mit gehacktem Koriander und Knoblauch cremig rühren. Mit Salz und Pfeffer abschmecken und im Kühlschrank kalt stellen.

Paprika halbieren, putzen, waschen und in feine Streifen schneiden. Tomate und Zucchini waschen, putzen und in mundgerechte Stücke schneiden. Zwiebel schälen, halbieren und in feine Streifen schneiden. Steak in Streifen schneiden.

Das Öl im Wok erhitzen. Steakstreifen hinzugeben und 1 Minute scharf anbraten. Herausnehmen und zur Seite stellen. Paprika, Zucchini und Zwiebel in den Wok geben und 2–3 Minuten bei mittlerer Hitze anbraten. Rindfleischstreifen und Tomaten hinzugeben und mit Sojasauce, Limettensaft und Chiliflocken würzen. Nach Bedarf mit Salz und Pfeffer abschmecken.

Fladenbrote halb aufschneiden, mit dem Fleisch-Gemüse-Mix füllen und mit Sauce und Chiliflocken garniert servieren.

Tipp

Veggie-Liebhaber können das Rindfleisch ganz leicht durch 200 g Räuchertofu ersetzen.

Register

Über die AUTORIN

„Beautiful food for beautiful people – meine Rezepte sollen nicht nur den Geist, sondern auch den Körper ansprechen", so die Philosophie von Sabrina Sue Daniels. Gesunde Zutaten sind deshalb ein wichtiger Bestandteil ihrer kreativen und einzigartigen Foodpairing-Küche. Auf ihrem Foodblog ***www.sabrinasue.de*** lädt sie regelmäßig zum gesunden Genuss ein.

Sabrina Sue Daniels ist ausgebildete Fotografin, Ernährungscoach, Foodstylistin und Autorin zahlreicher Kochbücher.

Als leidenschaftlicher Foodie greift sie gerne immer wieder neue Foodtrends auf und integriert diese gekonnt in ihren Rezepten.

Bezeichnend für ihre wunderschöne Fotografie sind kraftvoll und ästhetisch inszenierte Foodfotos, die Lust auf gesunde, leckere und nachhaltige Rezepte machen.

... NOCH MEHR TOLLE BÜCHER!

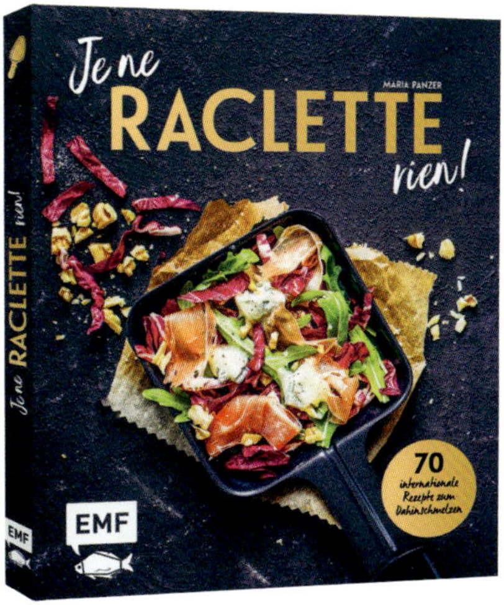

Je ne RACLETTE rien!

ISBN 978-3-960**93-422**-6

€ 15,00 (D) / € 15,50 (A)

Asia-Noodle-Bowls

ISBN 978-3-863**55-749**-2

€ 17,99 (D) / € 18,50 (A)

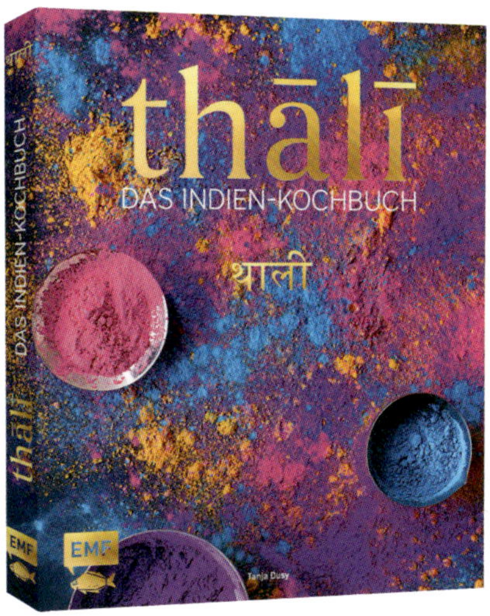

Thali – Das Indien-Kochbuch

ISBN 978-3-960**93-485**-1

€ 25,00 (D) / € 25,70 (A)

Nihon Kitchen – Das Japan-Kochbuch

ISBN 978-3-960**93-072**-3

€ 30,00 (D) / € 30,90 (A)

Bibliografische Information der Deutschen Bibliothek.

Die Deutsche Bibliothek verzeichnet diese Publikation in der Deutschen Nationalbibliografie.

Detaillierte bibliografische Daten sind im Internet über http://www.dnb.de/ abrufbar.

EIN BUCH DER EDITION MICHAEL FISCHER

1. Auflage 2020

Cover, Layout & Satz: Silvia Keller

Projektmanagement und Lektorat: Marline Ernzer

Fotos: Sabrina Sue Daniels, Frankfurt a. M.

Illustrationen: Shutterstock/©Kate Macate

ISBN 978-3-96093-682-4

Gedruckt bei Polygraf Print, Čapajevova 44, 08001 Prešov, Slowakei

www.emf-verlag.de